系统激励模型及其
在薪酬激励中的应用研究

方 茜◎著

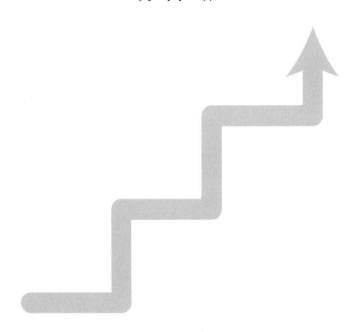

System Incentive Model and
its Application Research in Compensation Incentive

人民出版社

前　　言

　　长期以来,管理激励设计者把注意力集中在对个体对象的激励上,认为对个体的有效激励就会带来组织绩效的提升。这种单一的思维模式有时会带来严重的激励后果。可见,对个体看似完美的激励,却可能对组织无效,甚至给组织带来负效应。此外,保险诚信危机等现象也揭示了管理激励单向研究的不足。"什么是有效的激励""如何才能做到有效激励"成为管理激励理论研究者和运用者必须直面的问题。

　　弥补管理学激励研究的不足,必须寻求新的解决办法。经济学是管理学的母学科,经济学激励理论的研究思想为管理学激励理论的发展提供了有效途径。管理学激励理论产生的土壤是管理心理学、行为学,对激励的研究主要集中于个体,研究的着眼点是个体的需求、动机,以方法为导向,研究组织中个体的共性,注重提升个体劳动效率。经济学激励研究的着眼点是制度关系,以问题为导向,研究组织中人力资本所有者与物力资本所有者的关系,偏向于提升资源配置的效率。众所周知,效率是一种制度或机制保持生命力的根本。管理学和经济学对激励研究的结合正好保障了组织的效率,促进组织可持续发展。同样,管理学在研究中以员工为主导、经济学在研究中以组织为主导的两种思路相结合,也正好保证了激励的完整性。在实际管理中,既需要从个体的角度思考激励对个体的有效性,也需要从组织的角度思考激励对组织的有效性。虽然管理学、经济学激励研究存在较大差异,但是从系统角度来看,两者并不呈现对立,具有很大的一致性。因此,以系统理论为基础,引入经济学激励理论的思想,从组织和个体两个角度讨论激励的有效性将是对管理学激励理论和方法的完善和发展。

基于上述考虑,本书完成了以下工作:

其一,提出了"拓展激励系统"的概念,对激励有效性展开双角度研究。以系统思想为指导,通过分析认定激励具备了系统特性。比较分析出了管理学和经济学激励研究的特点:管理学的个体激励系统关注个体激励的整个过程,研究主要在个体的"单点回环"中展开;经济学的组织激励系统关注组织激励的整个过程,研究主要在组织↔个体的"双点回路"中展开。本书将个体激励系统进行拓展,使之包含组织激励系统,把得到的新系统定义为"拓展激励系统"。

其二,为"拓展激励系统"建立了系统激励模型群(包含系统激励 ISM 模型、系统激励 QUA 模型和系统激励 SD 模型),为发展的管理学激励理论给出了相适应的研究方法。

(1)建立了系统激励解释结构模型。通过先验知识选择激励系统要素,再利用解释结构模型技术找出了"拓展激励系统"的要素以及各要素之间的结构关系,得到了"拓展激励系统"的模型——系统激励解释结构模型(以下简称系统激励 ISM 模型)。应该指出:系统激励解释结构模型的建立不是凭主观判断得到的,而是通过模型技术找到"拓展激励系统"要素间的客观关系。

（2）建立了基于薪酬的系统激励量化模型，并对 A 公司进行了实证研究。在薪酬激励研究范畴中，以组织一般员工为研究对象，基于系统激励 ISM 模型和投入产出技术建立了系统激励量化模型（以下简称系统激励 QUA 模型），用于薪酬激励强度有效性的双角度讨论。该模型包括激励强度与效用关系模型和激励强度确定模型。

激励强度与效用关系模型用于研究薪酬激励强度与组织激励效用、个体激励效用的关系。对激励强度与效用关系模型的数理分析得到以下结论：在有效激励强度范围内，当固定薪酬不变时，随着激励强度增加，个体效用增加；但随着激励强度增加，不能保证组织效用也增加。因为组织效用测度指标包含全员劳动生产率和组织劳动效益，而数理分析仅支持其中一个部分的结论：随着激励强度增加，全员劳动生产率增加。

将激励强度与效用关系模型用于 A 公司的实证分析验证了模型数理分析的结论。该结论与拉泽尔的相关研究结论相吻合，证实了模型的有效性。此外，利用模型进行计算，还得到了激励强度变化与组织劳动效益的数量关系。

基于激励强度与效用关系模型，结合多目标规划建立了"激励强度确定模型"，用于部门最佳激励强度的测定。利用激励强度确定模型，对 A 公司重点部门的激励强度进行了确定，提出了公司部门薪酬的设计方案。

（3）建立了基于薪酬的系统激励动力学模型，并对 A 公司进行了仿真实验。在薪酬激励研究范畴中，基于系统激励 ISM 模型，利用系统动力学构建了系统激励动力学模型（以下简称系统激励SD模型),用于研究薪酬激励系统时滞与组织激励效用、个体激励效用的关系。将系统仿真结论与当前理论进行比较,验证模型的有效性。

利用系统激励SD模型对A公司进行仿真实验,分析了薪酬激励系统中存在的三种时滞(个体业绩达成时滞、薪酬调整时滞和组织业绩达成时滞)对个体激励效用以及组织激励效用的影响,得到了以下结论:业绩衡量指标时限小,激励扭曲大;业绩衡量指标时限大,激励扭曲小。该分析结论证实了贝克的观点,验证了模型的有效性。

此外,仿真分析还得到以下结论:三种时滞中个体业绩达成时滞对个体满意度影响最大;组织业绩达成时滞对组织满意度影响最大,对员工满意度影响非常小;在仿真实验前期,个体业绩达成时滞、薪酬调整时滞越大,组织满意度、员工满意度越低。该分析结论与当前共识"延迟的激励会使激励部分失效"一致,验证了模型的有效性。不同的是,实验结果显示这两种时滞对在组织中留存时间长的员工的满意度影响趋于一致。因此,对新员工给予薪酬补偿或增加员工在企业中留存时间是解决这两种系统时滞的方法。

目　录

导　　论

美国管理专家米契尔·拉伯福曾说过:世界上最伟大的管理原则是人们会去做受到奖励的事情。"为企业节约运行成本""促进员工更加努力和创造性地工作"是激励受到大多数管理者、研究者青睐的根本原因。[①] 然而,面对众多的激励对象,在丰富的激励方法和措施中,寻找合适的方案或机制,提升激励的有效性并非易事。激励的复杂性常令激励设计者困惑:明明是一套健全的激励机制,为何留不住人? 一项看似完美的激励方案,为何没有给企业带来好的效益? 如何提升激励的有效性,避免无效激励,成为管理者和研究者不可回避的议题。

第一节　研究背景

本书对激励理论的分类采用了激励研究者的普遍观点,即管理学激励理论和经济学激励理论。"人们对激励问题的研究是从

---

① 方茜:《激励系统的解释结构模型研究》,《四川理工学院学报》2006 年第 5 期。

两个不同的思路展开的。一是在经验总结和科学归纳的基础上形成的管理学激励理论。二是在人的理性假设基础上,通过严密的逻辑推理和数学模型获得的经济学激励理论。"[1]这种划分从研究方法上区分了管理学、经济学激励研究。根据以上分类原则,我们将利用经济学分析方法所做的激励研究划归到经济学激励研究的范畴,而管理学激励理论则指产生于管理心理学、行为学,在经验总结和科学归纳的基础上形成的管理心理学、行为学激励理论。

一、激励理论的思考

1. 管理学激励研究

随着经济发展阶段的演进,激励研究者对激励的认识逐渐深入。因为管理学激励理论产生的土壤是管理心理学、行为学[2],故早期对激励的研究主要集中于个体。从发现对象需求、激发对象动机、导向对象行为三个方面来保障激励的有效性。19世纪30年代到50年代是管理学激励研究的鼎盛时期,出现了许多著名的理论。这些理论对实践中的激励问题有很好的解释力,受到了管理者的推崇,并沿用至今。然而管理学激励研究中还有一些问题值得思考。

(1)激励综合模型

当前管理学有代表性的激励综合模型包括库尔特·勒温(Kurt Lewin,1951)[3]的场动力综合激励模型、迪尔(Dill)的综合

---

[1] 李春琦、石磊:《国外企业激励理论述评》,《经济学动态》2001年第6期。

[2] 刘颂:《关于现代激励理论发展困境的几点分析》,《南京社会科学》1998年第4期。

[3] Kurt Lewin, *Field Theory in Social Science*, New York:Harpper and Brother Publishers, 1951, pp.239-240.

激励模型[①]、罗伯特·豪斯（Robert J. House，1974）的综合激励模型[②]、波特和劳勒（Porter 和 Lawler）的综合激励模型[③]、罗宾斯等（Robbins，2012）的综合激励模型[④]、纽斯特罗姆和戴维斯（Newstrom，Davis，2000）[⑤]的组织激励模型。

　　这些模型的特征是，以个体为研究对象，围绕着个体展开。六个模型的共性是，对激励的研究集中在个体上，描述的是"个体需求→个体动机→个体行为→个体需求"的过程，缺乏激励的主体——组织。组织主体的缺乏，使模型运用者在激励有效性分析时往往忽视了激励对组织的效用，凸显了管理学激励理论在实践运用中"重个体、轻组织"的问题。

　　（2）理论应用的困惑

　　长期以来，管理激励设计者把注意力集中在被激励的对象上，认为有效的激励意味着员工工作满意度、工作绩效的提升。这种单一的思维模式在管理实践中遭遇了很多困惑，带来了严重的激励问题。

　　保险业作为激励应用的模范行业，是各行各业效行的榜样。然而，来自权威部门的信息显示，保险业面临着巨大危机。保险市场的调查结果显示，消费者对当前保险公司的满意度较低，与市场发展不成正比。从保险行业对营销人员的激励策略来看，它严格遵循了管理学激励理论中的相关理论，并有完善的绩效考核与薪

---

① 参见余凯成：《组织行为学》，大连理工大学出版社 2001 年版，第 201 页。
② 参见盖勇主编：《组织行为学》，山东人民出版社 2002 年版，第 250 页。
③ 参见余凯成：《组织行为学》，大连理工大学出版社 2001 年版，第 199 页。
④ ［美］斯蒂芬·P.罗宾斯、玛丽·库尔特：《管理学》第 11 版，李原、孙健敏、黄小勇译，中国人民大学出版社 2012 年版，第 438—439 页。
⑤ ［美］约翰·W.纽斯特罗姆、基斯·戴维斯：《组织行为学》，陈兴珠、罗继等译，经济科学出版社 2000 年版，第 4 页。

酬体系作为保障。这些激励策略也的确激发了营销人员高度的工作热情,可在短期内迅速提升保单的销售量。为了完成组织任务,获取组织承诺的高额奖酬,营销人员在销售中隐匿信息,采取机会主义行为,导致了行业的诚信危机。

此外,近年国内学术造假的问题有所增加,打假的事件接连不断。激励创新是好的目标,但以特定成果为导向,将论文作为科研成果的重要指标,必然引发科研诚信危机。由此可见,对个体看似完美的激励,却可能对组织无效,甚至给组织带来负效应。"什么是有效的激励""如何有效激励",成为管理激励研究者必须直面的问题。

管理学存在的"激励综合模型主体缺失""理论应用困惑"这些问题都揭示了管理学激励单角度研究的不足。因此,解决单角度研究的问题对管理学激励研究的发展至关重要。

2. 理论拓展思考

(1)经济学激励研究

半个世纪以来,经济学激励理论得到了迅速的发展。1932年,伯利和米恩斯提出了著名的"所有权和管理权相分离"的命题,传统理论受到了严峻挑战。此后,经济学家从市场与企业、企业内部管理和监督、契约的不完全性、资产专用性、代理成本等角度研究了企业,形成了规范的分析框架。

经济学家认为激励是个体成本与社会成本、个体价值与社会价值、个体目标与社会目标相权衡的过程,以促使两者资源有效利用。在组织的范畴中,经济学激励理论对资源有效利用的讨论涉及组织(委托人)和个体(代理人),比管理学激励研究具有更宽泛的视角。但是,经济学对组织资源有效配置的讨论,因对问题的数学抽象而无法涉及个体的激发过程,忽视个体的心理感受、需求等问题,都显示出经济学激励研究更倾向于从组织角度讨论激励有效性。

(2)理论的结合

应该说,经济学从资源有效性配置的角度,考虑了组织和个体的效用,比管理学激励研究视角更加宽泛。为管理学激励双角度的拓展提供了一定的理论基础。问题在于,分别以个体、组织为主导的管理学、经济学激励研究是否可以直接结合成为从组织、个体两个角度对激励的研究呢? 这个问题的回答是否定的。原因在于两个领域的激励研究无法直接结合。在后面的分析中我们会从研究领域、研究对象、研究重点、研究方法、效率目标、管理运用和控制重点,比较两个领域的研究,揭示两者存在的较大差异。这些差异使两个领域的研究处于割裂的状态,理论难以共享。

但是,从系统角度来看,两者具有很大的互补性。管理学激励研究的着眼点是人的需求、动机,以方法为导向,研究组织中人的共性,注重"提升个体劳动效率"。经济学激励研究的着眼点是制度关系,以问题为导向,研究组织中人力资本所有者与物力资本所有者的关系,偏向于"提升资源配置的效率"。众所周知,效率是一种制度或机制保持生命力的根本。管理学和经济学对激励研究的结合正好保障了组织的效率,促进组织可持续发展。同样,管理学在研究中以"员工为主导",经济学在研究中以"组织为主导",这两种思路相结合,也正好保证了激励的完整性。

在实际管理中,既需要从个体的角度思考激励对个体的有效性,也需要从组织的角度思考激励对组织的有效性。因此,以系统理论为基础,通过系统分析的方法,将管理学、经济学激励研究进行系统的结合,既可弥补管理学激励理论单角度研究的不足,又可促进管理学、经济学两种激励理论的优势互补,提升理论对问题的解释力。

(3)员工—组织(E—O)关系研究的启示

19世纪60年代后,管理学激励研究陷入了低潮。部分管理学研究者意识到激励这种单向的研究忽视了组织和员工的双边互动行为,无法全面掌握员工和组织行为变化的规律,开始涉足员工—组织关系的研究。

巴纳德(Barnard)和西蒙(Simon)认为,员工—组织关系是一种交换关系,即组织所期望员工带来的贡献与组织对员工的投资之间的交换关系。早期的员工—组织关系研究都是从员工个人的角度来研究员工—组织关系,从心理契约、组织承诺、组织公民行为三个角度来展开。此后,徐淑英提出,为了深入了解员工—组织关系,不但要研究员工个体,也要研究组织。① 徐淑英在巴纳德理论的基础上从组织的角度建立了投资/贡献(Inducement/Contribution,I/C)模型。2004年,陈维政等提出,从组织角度进行I/C模型研究,主要集中在组织用于员工身上的关系类型以及相关的后果,而没有涉及维持和管理这种关系的过程。② 他从员工和组织两个角度来研究员工—组织关系,并建立了I-P/S模型③。对员工—组

---

① 徐淑英:《雇佣关系:心理契约——一种吸引、激励和保留人才的竞争工具》,《环球市场》2001年第9期。

② 陈维政、余凯成、黄培伦主编:《组织行为学高级教程》,高等教育出版社2004年版,第216—226页。

③ I-P/S指:组织对员工的投入(Organizational Input,简称I)、员工绩效(Employee Performance,简称P)、员工满意度(Employee Satisfaction,简称S)。

织关系的研究过程为：

　　员工角度→组织角度→员工角度与组织角度

　　在这个过程中,研究者拓展了狭隘的角度,将对员工个体的关心拓展到对组织有限资源的关心,再拓展到对组织、个体共同的关心,并力求寻找一种公平和低成本的管理方法以实现个体与组织交换的双赢。管理学激励研究从个体需要和动机角度去思考组织对个体行为的导向方法,员工—组织关系研究的发展过程启发了管理学激励研究应该从组织、个体两个角度展开对激励的讨论。

二、研究意义

　　激励对人的行为起着至关重要的作用,是一个具有重要理论意义和实践价值的课题。随着知识经济时代的到来,为适应市场竞争的需要,需尽快建立起一套完整科学的员工激励体系,以有效地吸引和激励员工,这已成为企业赢得市场竞争优势的关键。

　　当前,激励理论已经发展到了比较完善的程度,特别是管理学激励理论,在不同类型组织中运用十分广泛。但"物质世界本身是一个无限的发展过程,人们对它的认识也是一个无限的发展过程"[①]。随着网络化和全球化的来临以及进程的加快,已经形成的激励理论遭遇了不同程度的激励困惑,所有这些困惑都有待于通过学界和业界的共同研究,努力构建适应时代发展的激励理论来加以解决。[②] 在理论成果丰富的管理学激励理论中如何找到症结所在,寻找出解决激励扭曲问题的具体管理方法是当前亟须研究的重要课题。对管理学激励理论的系统研究可让我们秉承系统思

---

① 韩树英:《马克思主义哲学纲要》,人民出版社 1983 年版,第 68 页。
② 崔建华:《企业家人力资本收益权:特殊性及其本质原因》,《经济评论》2003 年第 4 期。

想,从局部与整体的关系,系统要素如何相互作用等问题出发,深刻剖析激励。因此,对管理学激励理论的系统研究可以为我们从理论角度探寻"理论应用困惑"产生的根本原因、找到解决问题的方法提供有力的支持。

同时,在众多的激励方式中,薪酬是最重要的一种。这不仅是因为薪酬本身的经济(金钱)作用,还因为在现代社会,薪酬具有极其重要的象征意义,象征个人的社会地位、成功程度、权利乃至尊严。一方面,对薪酬激励问题的研究有助于丰富和发展薪酬理论;另一方面,对这些问题的量化研究又可以为薪酬设计提供更为有益的新视野和具体的实施手段。

对企业管理者而言,研究的意义还不尽于此。企业管理者更加关心如"本企业重要部门激励强度与组织激励效用的关系是什么?""本企业如何制定薪酬激励强度才能做到个体与组织效用的兼顾?""如何对薪酬系统时滞进行调整,才能更好地减少激励的损失,减少激励扭曲?"等更具体的一些问题。因此,本书对具体企业的实践意义在于,可为企业决策者提供掌控适度激励、提升激励有效性的途径和方法,有助于企业根据自身的行业、结构特性以及当前发展状况制定有效的激励制度、方案,提高组织和个体激励效率,保障企业人才竞争的优势。

三、研究目的

本书目的如下:

第一,管理学激励中存在的"激励综合模型主体缺失""理论应用困惑"这些问题揭示了管理学激励理论和方法的不足。本书试图以系统思想为指导,完善管理学基于个体研究的激励系统,发展管理学激励理论。

第二,为新完善的管理学激励理论提出相适应的管理激励研究方法。现有的管理激励方法只适应现有的管理激励理论,发展了的管理激励理论必须建立与之适应的新管理激励方法。本书试图为新管理激励理论设计出面向薪酬激励的管理激励方法。

第三,管理理论和方法必须运用于管理实践才有生命力,新提出的管理激励理论和方法应能有效运用于企业薪酬激励管理实践。本书力图为企业激励设计者和决策者提供定性分析和定量分析的工具,并通过实证研究验证理论和方法的有效性。

第二节　研究现状

激励理论研究的领域主要是管理学和经济学。两种学科走了截然不同的道路,"经济学专注于激励机制设计而管理学侧重于激励影响机制探索"①。本书对管理学和经济学激励理论进行综述,由此提出问题,思考激励研究拓展的方向。本书综述是依据问题研究的思路来进行的,以管理学激励理论的文献综述为重点,对本书未涉及的领域仅做概述。另一些文献综述放在对应章节中,有助于对相关问题的阐述。

一、形形色色的激励定义

理解激励需要对激励的概念进行梳理,归纳出不同概念的着

---

① 马喜芳、芮正云:《激励前沿评述与激励协同研究展望——多学科/学派、多层次、多维度视角》,《科学学与科学技术管理》2020年第6期。

重点和特征。管理学领域将激励翻译为"motivation",意思是动机、动力;经济学领域将激励翻译为"incentive",意思为刺激①。表面上看,两个领域的激励词义基本一致,均指通过某种有效的操作激发或诱导他人,使其进入高动机状态,为某种目的的实现而努力奋进。实质上,管理学、经济学对激励的定义在形式上存在较大差异。

对激励的研究可以追溯到百年以前,在这个漫长的发展过程中,激励的概念经历了不断改进、完善的过程。"激励"一词最早由西方心理学者提出,含义为"个体在追求某种既定目标时的意愿强度"②,此后内涵有所扩大。

一些学者从激发动机的心理过程来定义,如弗鲁姆(Vroom,1964)③提出,激励是一个主宰着人们在多种自愿活动的备选形式中作出抉择的过程;盖勒曼(Gellerman)指出,激励是引导人们朝着某些目标行动,并花费一些精力去实现这些目标④。一些学者强调激励是对个体的导向作用。沙托(Shartle)指出,激励是被人们所感知的从而导致人们朝着某个特定的方向或为完成某个目标而采取行动的驱动力和紧张状态⑤;阿特金森(Atkinson)强调,激励是此时此刻对行动的方向、强度与持续性的(直接)影响⑥;佐德克(Zedeck)和布拉德(Blood)认为,激励是朝某一特定目标行动的

---

① 刘颂:《关于现代激励理论发展困境的几点分析》,《南京社会科学》1998 年第 4 期。

② 李蓉:《湖南创鑫控股集团中高层管理人员股权激励研究》,湖南大学 2015 年硕士学位论文。

③ V.H.Vroom, *Work and Motivation*, New York: John Wiley & Sons, 1964, p.14.

④ 参见冯光明编:《管理学》,北京邮电大学出版社 2011 年版,第 328 页。

⑤ 参见蒋云根主编:《组织行为的心理分析》,东华大学出版社 2003 年版,第 147 页。

⑥ 参见顾琴轩主编:《组织行为学:新经济·新环境·新思维》,上海人民出版社 2003 年版,第 146 页。

倾向①；余凯成（2001）②提出，激励可以使就职的职工最充分地发挥其技术和才能，变消极为积极，从而保持工作的有效性和高效率；管理咨询公司宝利嘉（2002）③强调，激励是利用某种外部诱因调动人的积极性和创造性，使人有一种内在的动力，向所期望的目标前进的心理过程；杨清河、唐军（2004）④指出，激励指激发、鼓励、诱导，不同类型、不同强度的激励在与受体的结合过程中所产生的效果是十分复杂的自然（生理、心理）与社会现象。

　　一些学者重视激励对组织的积极效应。陈瑞华（2003）⑤认为，激励就是委托人如何使代理人在选择或不选择代理人最大化标准和目标时，从自身效用出发，自愿或不得不选择与委托人最大化标准或目标相一致的行动；陈明立（2004）⑥指出，激励就是创设一切可以激发人的工作热情和上升欲望的需求条件，使组织中的每个成员产生实现组织目标的特定行为过程；张维迎（2005）⑦强调，激励的目的是内部化个人行为的外部性，让每个人尽可能地为自己的行为承担责任以最大化社会价值。如果社会能够设立一个激励机制使每个人都对自己的行为负责，同时，每个人都得到自己的行为带来的好处，每个人都按自己的最优选择就会实现社会的帕累托最优。这就是经济学中的激励问题。

　　当前研究中存在管理学激励定义杂乱、管理学与经济学激励

---

① 参见熊勇清主编：《管理学》，湖南人民出版社 2010 年版，第 208 页。

② 余凯成：《组织行为学》，大连理工大学出版社 2001 年版，第 213—214 页。

③ 宝利嘉编：《最新人力资源精要词典》，中国经济出版社 2002 年版，第 22 页。

④ 杨清河、唐军：《企业经营者薪酬激励机制研究》，中国劳动保障出版社 2004 年版，第 7 页。

⑤ 陈瑞华：《信息经济学》，南开大学出版社 2003 年版，第 270 页。

⑥ 陈明立：《人力资源通论》，西南财经大学出版社 2004 年版，第 411 页。

⑦ 张维迎：《产权、激励与公司治理》，经济科学出版社 2005 年版，第 21 页。

定义相去甚远的问题。这些问题显示了两个领域激励研究的割裂状态。以下我们分别对管理学、经济学激励定义进行分析。

1. 管理学激励定义

对激励的解释,管理学内部存在较大的分歧。激励定义的差异主要表现在两个方面:一是"动机与激励"不分;二是"个体与组织"分离。

(1)动机与激励

早期激励被定义为:一个过程,这个过程主宰着人们在多种自愿活动的备选形式中作出抉择。早期激励定义中的过程指,个体"未满足的需求→目标驱使行为→满足需求"。因为,动机对这个过程起到了很重要的作用,是推动个体活动以达成目的的内在动因,所以,早期的激励定义离不开动机,在激励的翻译 motivation 中可窥见一隅。随着激励研究的发展,激励被定义为通过目标导向,使人们出现有利于组织目标的优势动机并按照组织所需要的方向行动。后期的激励定义则强调了激励具备的管理性质,是组织对个体行为的管理、控制。

部分学者认为,导致管理学激励定义不一致的一个根本性原因是激励与动机不分。

"需要辨析的是激励与动机是两个既紧密联系又相互有别的概念。激励指向于动机,没有动机,激励就失去了作用对象,甚至自身活动的意义;反过来……任何动机的形成与持续都是受到某种激励的结果。然而,尽管如此,亦不可将二者混为一谈。就其性质而言,激励属于管理职能范畴,是组织在管理过程中的一种职能行为,或管理行为……而动机则指推动个体活动以达到一定目的的内在动因,属于个性心理范畴……"①

著名的组织行为学家斯蒂芬·P.罗宾斯在中国人民大学出版社 2005 年出版的《组织行为学》第 10 版中,并没有"激励理论"的章节,取而代之的是"动机理论"。这说明研究者开始认识到动机与激励的不同含义,并在研究中对两者做严格区分。

(2)个体与组织

从关注对象来看,可把管理学激励定义分为两类:一是从个体角度定义激励;二是从组织角度定义激励。将激励定义进行分类,见表 0-1。

表 0-1　激励定义个体、组织分类

学者及时间	定义角度
弗鲁姆(1964)②	个体
佐德克和布拉德(1965)③	个体
盖勒曼(1963)④	个体
沙托(1971)⑤	个体
阿特金森(1974)⑥	个体
余凯成(2001)⑦	个体
陈明立(2004)⑧	组织
杨清河、唐军(2004)⑨	组织

---

① 刘颂:《关于现代激励理论发展困境的几点分析》,《南京社会科学》1998 年第 4 期。

② V.H.Vroom, *Work and Motivation*, New York:John Wiley & Sons ,1964,p.14.

③ 参见熊勇清主编:《管理学》,湖南人民出版社 2010 年版,第 208 页。

④ 参见冯光明编著:《管理学》,北京邮电大学出版社 2011 年版,第 328 页。

⑤ 参见蒋云根主编:《组织行为的心理分析》,东华大学出版社 2003 年版,第 147 页。

⑥ 参见顾琴轩主编:《组织行为学:新经济·新环境·新思维》,上海人民出版社 2003 年版,第 146 页。

⑦ 余凯成主编:《组织行为学》,大连理工大学出版社 2001 年版,第 213—214 页。

⑧ 陈明立:《人力资源通论》,西南财经大学出版社 2004 年版,第 411 页。

⑨ 杨清河、唐军:《企业经营者薪酬激励机制研究》,中国劳动保障出版社 2004 年版,第 7 页。

　　个体角度的激励定义是从个体心理学、行为学的角度来思考激励。研究者认为,激励促使人们发现需求,激发动机,产生行动,研究注重个体目标的实现。组织角度的激励定义则站在组织角度,认为"通过目标导向,使人们出现有利于组织目标的优势动机并按照组织所需要的方向行动",明确指出了激励应服从于组织目标的实现。分析可见,个体角度的定义强调"动机",组织角度的定义强调"管理"。

　　管理学个体激励的定义是早期激励定义,组织角度的激励定义出现较晚,受到了经济学激励研究的影响。应该说,从只对个体目标关心过渡到对组织目标的关注是管理学激励理论发展的表现。但是,这种发展在现实中仅仅体现在一部分学者对概念的阐述上,没有切实地改进管理学激励研究的方法和思路。管理学激励研究仍旧以个体为研究对象,未涉及组织问题,存在单角度研究的不足。

2. 经济学激励定义

　　经济学家认为,激励是个体成本与社会成本、个体价值与社会价值、个体目标与社会目标相权衡的过程,以促使两者资源有效利用。来源于经济学者的激励定义与管理学有较大的差别。张维迎认为,激励的目的是内部化个人行为的外部性,让每个人尽可能地为自己的行为承担责任以最大化社会价值。该激励的定义利用了经济学专业术语"外部性"。

　　在新古典经济学围绕市场绩效和经济政策的诸多讨论中,经常可以看到外部经济、外部不经济、社会成本与私人成本的偏离等各种表述,但对外部性的概念界定并不多。这里我们使用邹薇对外部性的定义,"当消费者的福利或者厂商的生产可能性直接受

到其他经济主体影响时,就存在外部性"①。假设消费者效用可以
表示为:

$$u^A = u^A(X_1, X_2, \cdots, X_m, Y_1) \tag{0-1}$$

式(0-1)表明,某消费者 A 的效用一方面取决于他自己所能
够控制的行为 $(X_1, X_2, \cdots, X_m)$,另一方面取决于由另外的消费者
B 所控制的行为 Y_1。外部性可分为:外部经济与外部不经济。若
$u^A_{Y_1} = \partial u^A / \partial Y_1 > 0$,则称边际的外部经济,这个时候 B 的行为会引
起 A 的效用向着相同的方向变化;若 $u^A_{Y_1} = \partial u^A / \partial Y_1 < 0$,则称边际
的外部不经济,这时 B 的行为造成 A 的效用发生相反的变化。

通过对外部性定义的了解,可知经济学对激励的讨论拓展到
了社会的各个层面,并不囿于组织。当激励范畴为组织时,激励便
是个人成本与组织成本、个人价值与组织价值、个人目标与组织目
标的权衡过程。激励就是"委托人如何使代理人在选择或不选择
代理人最大化标准和目标时,从自身效用出发,自愿或不得不选择
与委托人最大化标准或目标相一致的行动"②。经济学激励定义
强调了激励的管理性质,是委托人③(组织)对代理人(个体)行为
的导向,促使代理人(个体)行动与委托人(组织)目标相一致。

从激励定义形式来看,经济学与管理学研究存在较大的差别。
管理学从人的角度出发,针对人的需求,激发个体工作的动机;经
济学从组织的角度出发,利用制度规范人的行为,减少信息不对称
带来的负外部性。另外,经济学激励研究不仅研究范畴比管理学
宽泛,研究视角也比管理学更完善,对资源有效性的讨论包括两个

①　邹薇:《高级微观经济学》,武汉大学出版社 2004 年版,第 179 页。
②　陈瑞华:《信息经济学》,南开大学出版社 2003 年版,第 270 页。
③　在组织研究范畴中,经济学激励研究的委托人可指代企业、组织。

角度,即个体与社会(个体与组织),等等。从管理学激励理论的拓展来看,吸纳经济学激励研究的优势,对于弥补管理学单角度研究的不足、实现管理学理论的双角度拓展具有重要意义。

二、管理学综合激励模型

从激励的过程模式进行划分,可将管理学激励研究分为三类,即内容型、过程型和调整型。[①] 内容型激励理论着重对引发动机的因素,即激励的内容进行研究,代表理论有马斯洛(Maslow)的需要层次理论、赫茨伯格(Herzberg)的双因素理论、奥尔德弗(Alderfer)的 ERG 理论[②]、麦克利兰(McClelland)的需要理论、哈克曼(Hackman)和奥德海姆(Oldham)的工作特性模型。这些理论研究人的心理需要,形成了激励的基础理论。过程型激励理论着重对行为目标的选择,即动机的形成过程进行研究,代表性理论有:弗鲁姆(Vroom)的期望理论、亚当斯(Adams,1965)的公平理论[③]、洛克等(Locke,1968)的目标设置理论[④]、波特—劳勒(Poter-Lawler)的期望激励理论。这些理论着重研究人的动机形成和行为目标的选择。这些理论表明,要使员工出现企业期望的行为,须在员工的行为与员工的需要满足间建立起必要的联系。调整型着重对达到激励的目的、调整和转化人的行为进行研究,代表性人物有

---

① 该部分内容参见余凯成主编:《组织行为学》,大连理工大学出版社 2001 年版,第141—169 页。

② ERG 理论,即生存(Existence)的需要、相互关系(Relatedness)的需要和成长发展(Growth)的需要。

③ J.S. Adams, "Inequity in Social Exchange", *Advances in Exprerimental Socail Psychology*, Vol.2, No.3, 1965.

④ E.A. Locke, J. Bryan, "Goal Setting as a Determinant of the Effects of Knowledge of Score in Performance", *American Journal of Psychology*, Vol.81, No.3, 1968.

斯金纳(Skinner)等。

研究者对激励理论加以综合利用,建构了便于分析的激励综合模型。这些模型对理论学习者和激励的设计者十分重要,是他们检验激励有效性的参考体系。其中,影响力较大的激励综合模型有:勒温场动力综合激励模型、迪尔综合激励模型、豪斯综合激励模型、波特—劳勒综合激励模型、罗宾综合激励模型、组织激励模型等。

1. 勒温场动力综合激励模型

德国心理学家库尔特·勒温提出的"场动力论"是最早期的综合激励模型。他认为,一个人的行为是一种场的机能,行为发生时存在各种条件和力量相互交织。场动力论表达式为:

$$B = f(P, E) \qquad\qquad (0\text{-}2)$$

在式(0-2)中,B 表示个人行为的方向和力度、P 为个人的内部动力、E 为环境刺激。此式的意思是,人的行为是个体与环境交互作用的结果,一个人行为的方向和力度,取决于个人的内部动力大小和环境刺激程度大小的交互作用。

2. 迪尔综合激励模型

1981 年,美国组织行为学家迪尔在中国工业科技管理大连培训中心讲学时,首次发表了迪尔综合激励模型。它以 VIE 理论[①]为基础,融入了内在性、外在性奖酬分类的概念,用数学表达的模

---

① 期望理论,又称作"效价—手段—期望理论",其中 V 指效价(Valence)、I 指关联性,又称工具性(Instrumentality)、E 指期望值(Expectancy)。

型为[①]:

$$M = M_内 + M_外 = (M_活 + M_成) + M_外 = M_活 + E_1(V_成 + \sum_{i=1}^{n} E_{2i} V_i)$$

$$(0\text{-}3)$$

在式（0-3）中，$M_外 = E_1 \sum_{i=1}^{n} E_{2i} V_i$，$M_成 = E_1 V_成$。迪尔认为，获取有效激励可以从两个方面入手，即外激与内激。内在性激励本身又可分为过程导向的由任务活动本身所激发的激励（$M_活$）和结果导向的由任务完成时的成就所激发的激励（$M_成$）。外在性激励中包含一阶结果的期望（E_1）、二阶结果的期望（E_2）和奖酬效价（V）这三类变量。从模型（10-3）中可知，要提高总激励水平，应设法分别增大这些变量。

3. 豪斯综合激励模型

豪斯把前述若干种激励理论综合起来，集内、外激励于一体，模型表达式为：

$$M = V_{it} + E_{ia}(V_{ia} + E_{ej} V_{ej}) \tag{0-4}$$

在式（0-4）中，M 表示激励水平；V_{it} 表示活动本身提供的内酬效价，它给予的内部激励不受任务完成与否及结果如何的影响，因而与期望值大小无关；E_{ia} 表示活动能否完成任务的期望值；V_{ia} 表示完成任务的效价；$E_{ej} V_{ej}$ 表示一系列双变量的总和，其中 E_{ej} 表示任务完成能否获得某项外酬的期望值、V_{ej} 表示该项外酬的效价。公式中下标的意思分别是：i 为内在的，e 为外在的，t 为任务本身的，a 为完成。运用乘法分配律，可将此公式变为：

---

① 余凯成：《组织行为学》，大连理工大学出版社 2001 年版，第 201 页。

$$M = V_{it} + E_{ia}V_{ia} + E_{ia}E_{ej}V_{ej} \tag{0-5}$$

在式（0-5）中，$E_{ia}V_{ia}$ 表示内激励；$E_{ia}E_{ej}V_{ej}$ 表示各种外激励之和。豪斯综合激励模型与迪尔综合激励模型虽然形式不一样，但对激励水平的描述却基本一致。在豪斯综合激励模型中，V_{it}（活动过程带来的内激）与 $E_{ia}V_{ia}$（结果带来的内激）相当于迪尔中的（$M_{活}$ + $M_{成}$）。

4. 波特—劳勒综合激励模型

1968年，美国心理学家、管理学家波特和劳勒在他们合作的《管理态度与成绩》一书中提出了成绩对满足影响的一种理论模式，见图0-1[①]。

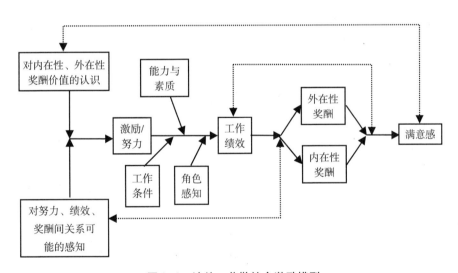

图 0-1　波特—劳勒综合激励模型

该模式以工作绩效为中心，对与绩效有关联的许多因素进行了一系列相关研究。模型的主轴线为"激励/努力→绩效→满意

---

① 余凯成：《组织行为学》，大连理工大学出版社2001年版，第199页。

感"。这种模式的具体内容指一个人在作出了成绩后得到两类报酬:一类是外在报酬,包括工资、地位提升、安全感等;另一类是内在报酬,即一个人由于工作成绩良好而给予自己的报酬,如感到对社会作出了贡献、对自我存在意义及能力的肯定等。它对应的是一些高层次的需要的满足。

这个模式可以从两个方面去理解。首先,工作的实际业绩(如任务的完成或目标的实现)取决于他所作出的努力,这种努力在很大程度上受两种因素的影响:一是角色概念是否明确,即对目标、所要求的活动和任务及其他要素的理解程度;二是技术与能力,即个体本身所具备的技术与能力水平。其次,工作业绩可能带来两种报酬:一种是内在报酬,诸如成就感、自我实现感;另一种是外在报酬,诸如工作条件和身份地位;经过评价后,个人将得到相应的奖励和惩罚。该模型突出了工作绩效导致工作满意感的因果关系。

可以看出,激励与满意并非是一种直接的因果关系,努力产生的绩效在得到相应奖酬的情况下,才可能产生满意感。该模型与豪斯综合激励模型、迪尔综合激励模型的不同在于,认为吃到了奖酬的甜头将会提高奖酬的效价,而所投入的努力终于达到了既定的绩效水平,必能提高当事者今后重复此过程的把握与信心,增大期望值。

5. 罗宾斯综合激励模型

罗宾斯面对众多的动机理论,构造了综合激励模型,见图0-2。

罗宾斯认为,如果一个员工感到努力和绩效之间、绩效和奖酬之间、奖励和个人目标之间存在密切的联系,那么他就会非常

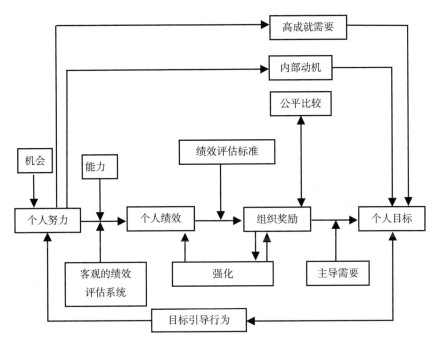

图 0-2　罗宾斯综合激励模型

努力地工作。反过来,每一种联系又受到一些因素的影响。个体的绩效水平不仅取决于他的努力程度,还取决于他在完成工作时具备的能力水平,以及组织在衡量员工绩效方面有没有一个被人们认为公平而客观的绩效评估系统。如果一个人感到自己根据绩效因素而受到奖励,那么,绩效—奖励之间的关系就会更强。

　　罗宾斯综合激励模型综合了我们所了解的很多动机知识,它的基本框架就是期望模型。该模型中,研究的是一个从个体努力到个体目标实现的过程。波特—劳勒综合激励模型研究的则是一个从个体努力到个体满意度达成的过程。由于满意度是个体目标实现的程度,所以两者基本框架一致。

6. 组织激励模型

纽斯特罗姆和戴维斯的组织激励模型见图0-3。在这个模型中,激励的起点是个体的需要和驱动力。个体经过紧张、努力,达到绩效,获取报酬,从而满足自身的需求。

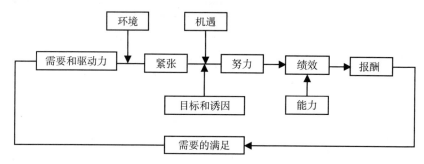

图 0-3　组织激励模型

以上1—6对管理学激励综合模型的研究现状进行了回顾。从六个模型中我们发现的普遍现象是,模型对激励的研究集中在个体上,描述的是"个体需求→个体动机→个体行为→个体需求"的过程,但缺乏激励的主体——组织。

从系统的角度来看,管理学激励研究的思路是从个体出发的单点回环。由于激励涉及的个体是组织中的个体,所以既需要考虑个体的特性,还应考虑基于组织范畴的个体的激励约束。单角度地展开对激励的研究未考虑激励的根本目标——组织目标,那么,在考证激励的有效性时易忽视组织目标的实现水平,从而造成激励的盲点。

三、经济学激励研究

经济学激励研究主要结论有解决代理问题的显性激励方法和

解决代理问题的隐性激励方法。

1. 解决代理问题的显性激励方法

罗斯（Ross,1973）[①]、米勒斯（Mirrlees,1971）[②]、霍姆斯特姆（Holmstrom,1982）[③]、格罗斯曼和哈特（Grossman 和 Hart,1986）[④]、威尔逊（Wilson,1967）[⑤]开创了委托代理理论和应用模型分析。委托代理理论主要解决委托代理关系中存在的信息不对称问题。因委托人与代理人之间的信息不对称,代理人的行动不能直接让委托人观察到,从而产生了代理人不以委托人利益最大化为目标的"道德风险"和"逆向选择"问题。经过 30 多年的发展,该理论已形成了规范的分析框架,研究成果为我们提供了对激励问题的本质性洞见。1972 年,阿尔钦和德姆塞茨（Alchian 和 Demsetz,1972）[⑥]提出团队理论。他们认为企业采取团队模式进行生产使每一个成员的努力程度不可精确度量,这样会导致人们"搭便车"式的机会主义行为产生。1976 年,詹森和麦克林（Jensen 和 Meckling,1976）[⑦]在《公司理论:管理行为、代理成本和资本结构》一文中,用"代理

① S.A. Ross,"The Economic Theory of Agency:The Principal's Problem",*American Economic Review*(*Papers and Proceedings*),Vol.63,No.2,1973.

② J.A. Mirrlees,"An Exploration in the Theory of Optimum Income Taxation",*Reviwe of Economics Studies*,Vol.38,No.4,1971.

③ B. Holmstrom,"Moral Hazard and Observability",*Bell Journal of Economics*,Vol.10,No.2,1982.

④ S. Grossman and O. Hart,"The Costs and Benefits of Ownership:A Theory of Vertical and Lateral Integration",*Journal of Political Economics*,Vol.94,No.4,1986.

⑤ R.Wilson,"The Structure of Incentives for Decentralization under Uncertainty",Graduate School of Business, Stanford University, 1967.

⑥ A.A. Alchian, H. Demsetz, "Production, Information Costs and Economic Organization",*American Economic Review*,Vol.62,No.5,1972.

⑦ M.C. Jensen W. Meckling,"Theory of the Firm:Managerial Behaviour, Agency Costs and Capital Structure",*Journal of Financial Economics*,Vol.3,No.4,1976.

成本"概念提出了与上述交易费用理论相似的观点。格林和拉丰（Green 和 Laffont，1986）[①]等对激励与一般均衡、不完全契约等进行了深入讨论。

2. 解决代理问题的隐性激励方法

自 20 世纪 80 年代以来，经济学将动态博弈理论引入委托代理关系的研究中，在多次重复代理关系的情况下，论证了竞争、声誉等隐性激励机制能够发挥激励代理人的作用，充实了长期委托代理关系中激励理论的内容。法马（Fama，1980）[②]认为，在竞争性经理市场上，经理的市场价值决定于其过去的经营业绩，即使没有显性的激励合同，经理也会积极努力工作，因为这样做可以改进自己在经理市场上的声誉，从而提高未来的收入。德姆塞茨则对竞赛理论的合理性提出了质疑。竞赛理论暗含的一个假设是竞赛参与者能力水平大致相近。如果竞赛参与者能力差异很大，竞赛结果可以事先预期，那么排序产生的报酬并不能激励代理人努力。1982 年，克瑞普斯（Kreps）等提出声誉模型，解释了静态博弈中难以解释的"囚徒困境"问题，解释了当参与人之间反复多次交易时，为了获取长期利益，参与人通常需要建立自己的声誉，使一定时期内的合作均衡能够实现。拉德纳（Radner）和鲁宾斯坦（Rubinstein）使用重复博弈模型证明，如果委托人和代理人之间保持长久的关系，双方都有足够的耐心（贴现因子足够大），那么帕

[①] J. R. Green and J.J. Laffont, "Partially verifiable information and mechanism design", *The Review of Economic Studies*, Vol.53, No.3, 1986.

[②] E. Fama, "Agency Problem and the Theory of the Firm", *Journal of Political Economy*, Vol.88, No.5, 1980.

累托最优风险分担和激励就可以实现。

经济学家对激励研究的主要贡献在于揭示了激励产生的根本原因,即委托人与代理人之间目标效用函数不一致、信息不完全或信息不对称。经济学家希望设计出资源的自我适配机制,减少企业成本,追求委托人与代理人效用函数的最大化。从研究视角来看,经济学比管理学更宽泛,考虑到了组织要素(委托人)和个体要素(代理人),但研究更倾向于组织角度,主要是对组织资源有效性的讨论。因为经济学激励研究中没有涉及个体行为的激发过程,所以对个体激励有效性的解释力度有限。

四、薪酬激励

1. 定义及功能

薪酬指雇员作为雇佣关系中的一方所得到的各种货币收入,以及各种具体的服务和福利之和。[①] 在众多的激励方式中,薪酬是最重要的一种。这不仅仅是因为薪酬本身的经济作用,还因为在现代社会,薪酬具有极其重要的象征意义,象征个人的社会地位、成功程度、权利乃至尊严。有人对影响员工生产率的 80 项激励方式做了研究,认为以报酬作为刺激物使生产率水平提高程度最大,达到 30%,其他激励方法仅能提高 8%—16%。薪酬在激励研究中的重要地位使其成为管理学、经济学激励研究的焦点。

对薪酬的讨论经历了漫长的过程。早期经济学家主要从薪酬

---

① 〔美〕乔治·T.米尔科维奇、杰里·M.纽曼:《薪酬管理(第六版)》,董克用等译,中国人民大学出版社 2002 年版,第 5 页。

功能、分配方法、作用意义等角度进行讨论。如威廉·配第（William Petty）[①]指出，薪酬的作用是维持工人生活所必需的生活资料价值；米尔科维奇、纽曼（Milkovich 和 Newman，2002）[②]指出，薪酬对员工有维持保障与激励功能；李德忠（2004）[③]指出，薪酬管理是获取竞争优势的重要方式。张锦喜（2004）[④]对薪酬进行区分，强调固定薪酬只起到"保健"作用，而变动的"激励"部分则能最大限度地激励员工的主动性和积极性。

对薪酬的讨论始于政治经济学者，这些争论代表了不同的利益倾向。薪酬的分配从物质资本拥有者掌握着主动权，发展到人力资本所有者占据着一定优势；从所有者单方面决定发展到集体谈判薪酬。其后，薪酬的研究逐渐从宏观领域过渡到企业和厂商层次的微观分析。

"薪酬既要保健更需激励"[⑤]，是当前薪酬设计者的共识。薪酬的激励功能指组织用来激励员工按照其意旨行事而又能加以控制的职能。就薪酬制度的基本目标——效率、公平、合法性来看，薪酬的激励作用主要体现在其效率上，即提高绩效、质量，控制成本。米尔科维奇、纽曼（2002）[⑥]认为，与业绩直接挂钩的是激励工资，激励工资被看作可变薪酬。因此，对薪酬激励功能的研究主要围绕着业绩报酬方案而展开，以下对业绩报酬方案的激励强度的相

---

① 参见李严锋、麦凯：《薪酬管理》，东北财经大学出版社 2002 年版，第 4 页。

② ［美］乔治·T.米尔科维奇、杰里·M.纽曼：《薪酬管理（第六版）》，董克用等译，中国人民大学出版社 2002 版，第 2—5 页。

③ 李德忠：《核心员工激励：战略性薪酬思路》，《人类工效学》2004 年第 6 期。

④ 张锦喜：《薪酬：既要保健更需激励》，《人力资源开发与管理》2004 年第 6 期。

⑤ 张锦喜：《薪酬：既要保健更需激励》，《人力资源开发与管理》2004 年第 6 期。

⑥ ［美］乔治·T.米尔科维奇、杰里·M.纽曼：《薪酬管理（第六版）》，董克用等译，中国人民大学出版社 2002 年版，第 7 页。

关文献进行综述。

2. 激励强度

"激励强度"一词在激励研究中出现的频率很高,但研究者的定义却不多。有人认为,激励强度可表述为单位激励周期内激励力的大小[①],是组织为实现组织目标,在实际的管理活动中调动组织或组织成员积极性、创造性的大小。研究中更为普遍的认识是,激励强度是个体绩效对组织奖励的敏感度,即报酬方案的激励作用通过激励强度(敏感性)指标予以反映。由此可见,激励强度主要强调员工业绩与组织薪酬的联系程度。企业中激励强度还有一种俗称,即提成系数。林鸿熙(2004)[②]在《企业销售人员激励强度及激励替代效应研究》一文中,对激励强度阐述为"激励强度即提成系数"。虽然两者说法不同,但意义相近。

(1)经理人激励强度相关研究

有关经理人激励强度的相关研究主要集中在"经理人报酬与公司业绩相关性""企业产业类型对经理人薪酬和公司业绩关系的影响""激励强度系数影响因素"三个方面。

第一,对经理人报酬与公司业绩相关性的研究。委托代理理论认为,为减少代理人问题,提升和实现委托人的利益最大化,就必须将委托人收益与产出联系起来。[③] 也就是说,代理人的薪酬

---

① 李宪钧、刘满红:《组织激励冲突问题研究》,《云南民族学院学报(自然科学版)》2000年第2期。

② 林鸿熙:《企业销售人员激励强度及激励替代效应研究》,《重庆大学学报(社会科学版)》2004年第10期。

③ S.A. Ross, "The Economic Theory of Agency: The Principal's Problem", *American Economic Review(Papers and Proceedings)*, Vol.63, No.2, 1973.

应该是基于业绩的。早期的研究基于截面数据的分析,集中在证明经理人薪酬与公司业绩的正相关。20 世纪 80 年代后期,研究者开始使用纵向数据去研究该问题。两种数据的分析都得到了"经理人薪酬与公司业绩正相关"的结论。在众多分析中对激励强度的测度并未达成一致的思路,通常的方法是将经理人薪酬与公司股票市场业绩或股东价值联系起来进行研究。

在"经理人薪酬增加,公司业绩增加"的假设下,经济学家对企业业绩报酬方案执行的实际效果展开了广泛的实证研究。詹森和墨菲(Jensen 和 Murphy,1990)[①]在《绩效报酬与对高层管理的激励》一文中用回归方式估计了现金报酬、购股权、内部持股方案和解雇威胁所产生的激励作用,考察了这几种报酬形式对业绩的敏感性。他们认为,激励主要来自经理持有的企业股份;虽然奖金约占最高经理薪水的一半,但是,奖金的确定方式对股票市场价值、会计利润或销售额的变化并不很敏感。《英国的经理报酬》一文概括了对英国和美国经理的报酬和业绩间关系的实证研究文献。作者认为,报酬对业绩的敏感性非常之小。也就是说,无论是在英国还是在美国,经理的基本薪水与奖金之和同股票市场业绩间非常弱的联系表明,股市业绩对企业经理的激励机制非常脆弱。[②]

其间,研究者提出了一些不同的观点,用于解释经理人薪酬与公司业绩敏感度很小的原因。就"经理人薪酬是否可以提供一个合适的激励去最大化股东价值"的问题并没有一致的结论。因为代理人模型无法确定量化基准,因此很难就低业绩薪酬敏感度具

---

① M.C. Jensen,K.J. Murphy,"Performance Pay and Top-management Incentives",*Journal of Political Economy*,Vol.98,No.2,1990.

② 孙经纬:《西方学者论企业激励机制》,《外国经济与管理》1997 年第 2 期。

有的激励作用作出相关的结论。① 整理的相关文献见表0-2。

表0-2　经理报酬与企业绩效研究相关文献归纳

学者及时间	主要观点
贝克、詹森和墨菲（Baker，Jensen和Murphy，1988）②	职业经理人报酬并非没有效率，而是"极"有效的；经理应持有大量的公司股份，这是联系股东财富和经理财富最有效力的手段
霍尔和利伯曼（Hall和Liebman，1998）③	职业经理人持股比例与公司业绩之间具有强相关的特征
科赫兰和施密特（Coughlan和Schmidt，1985）④	职业经理人持股比例与公司业绩两者间不存在显著性相关关系
周先明（Xianming Zhou，1999）⑤	业绩与薪酬的关系影响了公司的业绩，且两者之间的关系受到经济政策强度的影响
魏刚（2000）⑥	经理年度报酬与公司经营业绩之间不存在显著的正相关关系，经理持股数量与公司绩效也并不存在区间效应，经理持股没有达到预期的激励效果，仅仅是一种福利制度安排
李增泉（2000）⑦	以1999年4月30日前披露年报的848家上市公司中的748家公司为样本，研究发现：我国上市公司职业经理人的年度报酬与公司绩效并不相关，而是与公司规模密切相关，并表现出明显的地区差异
刘国亮、王加胜（2000）⑧	经理年薪对公司净资产收益率有负的方面影响，而经理持股对公司净资产收益率有正的方面影响

①　Xianming Zhou，"Executive Compensation and Managerial Incentives：A Comparison between Canada and the United States"，*Journal of Corporate Finance*，Vol.5，No.3，1999.

②　G.P. Baker，Michael，C. Jensen，K. J. Murphy，"Compensation and Incentives：Practice vs. Theory"，*The Journal of Finance*，Vol.43，No.6，1988.

③　B.J. Hall，J. B. Liebman Hall，"Are CEOs Really Paid Like Bureaucrats?"，*Quartertly Journal of conomincs*，Vol.113，No.5，1998.

④　A.T. Coughlan，R. M. Schmidt，"Executive Compensation Management Turnover and Firm Performance：An Empirical Investigation"，*Journal of Accounting and Economics*，Vol.7，No.1，1985.

⑤　Xianming Zhou，"Executive Compensation and Managerial Incentives：A Comparison between Canada and the United States"，*Journal of Corporate Finance*，Vol.5，No.3，1999.

⑥　魏刚：《高级管理层激励与上市公司经营绩效》，《经济研究》2000年第3期。

⑦　李增泉：《激励机制与企业绩效——一项基于上市公司的实证研究》，《会计研究》2000年第1期。

⑧　刘国亮、王加胜：《上市公司股权结构、激励制度及绩效的实证研究》，《经济理论与经济管理》2000年第5期。

续表

学者及时间	主要观点
吴淑琨(2002)①	股权集中度、内部持股比例与公司绩效均呈显著性倒"U"型相关;第一大股东持股比例与公司绩效正相关;国家持股比例、境内法人股与公司绩效呈显著性"U"型相关
罗靖(2004)②	从报酬激励强度上看,我国上市公司职业经理人年度薪酬与公司绩效之间不具有统计上的显著相关性,而经理持股比例与公司绩效之间存在弱相关关系
余津津、朱东辰(2003)③	指出了企业家报酬激励制度对企业家的行为模式有直接的影响,并最终影响到企业运营绩效

由上述文献分析可知,关于经理持股比例与公司绩效的实证研究,出现了两种不同的结果:一些研究表明,经理持股比例与公司绩效具有显著性正相关关系;另一些研究表明,两者间不存在显著性关系。总之,不论是国外还是国内,关于公司业绩与经理人报酬激励的实证研究尚无一致的结论。而出现这种状况的主要原因在于,"受到选择公司绩效衡量指标的影响,市场因素及公司特定因素的影响,以及特殊国情的影响"④。

第二,分析企业产业类型对经理人薪酬和公司业绩关系的影响。企业所属产业对经理人薪酬和公司业绩关系有较大的影响。詹森、墨菲(Jensen 和 Murphy,1990)分析了美国大众持股的 40 家采掘公司连续 10 年的业绩和其经理人报酬之间的关系,结论是两

---

① 吴淑琨:《股权结构与公司绩效的 U 型关系研究》,《中国工业经济》2002 年第 1 期。

② 罗靖:《上市公司职业经理人报酬激励及其实证研究》,湖南大学 2004 年硕士学位论文。

③ 余津津、朱东辰:《信息不对称条件下企业家组合报酬契约模型初探》,《财经论丛(浙江财经学院学报)》2003 年第 5 期。

④ 冯根福、王会芳:《上市公司绩效理论及实证研究评述》,《西北大学学报(哲学社会科学版)》2002 年第 1 期。

者具有微弱的相关性利益。① 罗森(Rosen)对美国、德国、芬兰和以色列等国的(包括农牧业和采掘业)210家第一产业企业进行了调查研究。分析结论显示,只有26家第一产业企业的经理人报酬和业绩具有相对较强的敏感性,其他184家企业表现为弱相关性利益②。

相比第一产业,第三产业的经理人报酬与企业业绩的相关性明显增强。霍尔(Hall,1998)③使用美国108家公众持股的最大商业服务公司近15年数据研究得到,经理人报酬与公司业绩具有强相关性利益。对企业所属的产业差异与经理人报酬业绩关系的实证研究表明,经理人报酬与企业业绩的相关性随产业的升级而呈正向阶梯状分布。第一产业的企业经理人报酬与公司业绩之间呈稳定的弱相关性;第三产业的企业经理人报酬与公司业绩之间呈稳定的强相关性,第二产业的企业经理人报酬与公司业绩之间呈波动性的中性相关性。④

第三,分析激励强度系数影响因素。对不同的企业和企业家而言,企业家报酬制度的激励强度系数是有差别的。张正堂(2001)⑤通过(企业家报酬线性结构和委托代理)模型分析,认为企业家绝对风险规避变量、努力程度变量对产出的影响系数、外生

---

① M.C. Jensen, K.J. Murphy, "Performance Pay and Top-management Incentives", *Journal of Political Economy*, Vol.98, No.2, 1990.

② 罗跃龙、况漠:《基于企业类型差异的企业家报酬—业绩的相关性》,《当代经济科学》2003年第4期。

③ W.R. Hall, "Enterpriser Behavior and Performance Incentives", *Accounting and Economics*, Vol.25, No.4, 1998.

④ 罗跃龙、况漠:《基于企业类型差异的企业所有者报酬—业绩的相关性》,《当代经济科学》2003年第4期。

⑤ 张正堂:《企业家报酬研究综述》,《经济管理》2001年第11期。

变量对产出的影响系数、外生随机变量方差、企业家努力成本系数、企业家闲暇偏好都会影响激励报酬强度系数的大小。

（2）一般员工激励强度研究

虽然经理人报酬与公司业绩的实证未得到一致性的结果，但是有关企业一般员工报酬对业绩的敏感性、业绩工资对员工生产率的影响等问题的实证研究获得了满意的结果。管理经济学的先驱和开拓者拉泽尔（Lazear，2000）[1]功不可没。拉泽尔利用从实行计件工资制的沙夫利特（Safelite）玻璃公司收集了 3000 名工人的样本数据，对业绩工资的激励作用和业绩工资对生产率的具体影响进行了详尽的实证研究。研究证实了业绩工资会对工人平均产出产生显著影响，使工人的平均生产率大约提高 35%；平均产出的增加是由业绩工资所具有的激励效应和筛选效应所引起的，即基于个人产出的薪酬计划吸引和保留了更多生产率高的员工；业绩工资引起的平均生产率提高会使企业（产出）和员工双方受益，但并不一定会增加企业的利润，其原因是劳动力成本、业绩考核成本等相应上升。

拉丰、穆罕默德（Laffont 和 Mohamed，1995）[2]认为，不可观察的佃农努力时需要使用激励去诱导他们更好地努力。他通过数据分析得到的结论支持"承租者分享产出越少，生产效率越低"，即低激励强度导致低生产率。

（3）激励强度确定

相对经理人而言，员工薪酬和业绩之间具有正相关关系，不容

---

[1] E.P. Lazear, "Performance Pay and Productivity", *American Economic Review*, Vol.90, No.5, 2000.

[2] J.J. Laffont, M. Mohamed, "Moral Hazard, Financial Constraints, and Sharecropping in El Oulja", *Review Econimic Studies*, Vol.62, No.3, 1995.

易受到市场因素的影响,且绩效衡量指标也更容易确定,因此,对一般员工激励强度的量化研究具有现实意义。

关于激励强度分析的共识是,激励强度确定的原则是基于对激励成本和激励效益的分析。李大伟(2003)①提出,由于管理体制上的问题,在企业的管理实践中,过分强调激励而忽视激励的有效性成为一个普遍的社会现象。他提出激励有效性的标准:一是激励产生的收益必须大于用于激励的支付;二是激励必须与企业经营绩效呈正相关关系;三是经理人的替代性威胁。

李劲松和刘瑜(2005)②认为,企业经营者报酬方案中的利润分享系数和期望利润标准的确定,最终是企业所有者和企业经营者妥协和平衡的结果,所有者和企业经营者的初始愿望都不可能得到全面的满足。文守逊和杨武(1999)③认为,如果多任务代理人在要完成的任务上的投入不易被观察到,为通过激励诱导出委托人所希望的代理人投入水平,在建立基于某个反映这些投入指标的激励机制时,应当使代理人在这些任务投入上的边际收益相等,即激励强度相同。王询(2006)④认为,在激励机制不完备的情况下,激励强度与激励偏差正相关;激励强度越大,则产生的激励偏差越大。因此,在很多情况下,如果实行强激励,一些对实现整体目标至关重要但却被不完备激励机制所忽略的行动甚至根本就

---

① 李大伟:《提高企业家激励的有效性》,《经济管理》2003 年第 23 期。

② 李劲松、刘瑜:《企业经营者报酬契约设计与激励强度分析》,《现代财经》2005 年第 5 期。

③ 文守逊、杨武:《信息不对称下的激励机制设计的研究》,《重庆大学学报(社会科学版)》1999 年增刊。

④ 王询:《组织内人工设计激励机制的不完备性、激励偏差与激励强度》,《财经问题研究》2006 年第 5 期。

不会发生,并且会产生本不希望出现的负效应。[1] 拉丰、穆罕默德
(Laffont 和 Mohamed,1995)[2]指出,在最佳的分成比率的契约中,
分成比率的设定决定于代理人的风险规避系数。

费拉尔和史密斯(Ferral 和 Smith,1997)运用结构模型方法,
对契约中不可观察的参数做了识别与估算。费拉尔和席勒(Ferral
和 Shearer,1999)[3]运用 20 世纪 20 年代加拿大英属哥伦比亚矿区
的工资数据,运用数学模拟程序估算了奖金激励契约的诸个参数。
科普兰和莫内(Copeland 和 Monnet,2009)[4]同样运用数值模拟方
法,根据企业的生产记录,估算了看不见的代理人的努力程度以及
努力的边际成本。平新乔等(2003)[5]利用同样的方法,使用 BFGS
最大似然模拟程序得到中国国有企业代理成本的参数估计。这些
研究都是在一定的函数假设下,通过参数估计,对样本企业的代理
成本规模、原因进行估计与分析。研究者认为,代理人的风险规避
态度是代理成本的重要根源;生产经营的客观环境改善,可以使企
业的效益提高;契约形式的不同会导致高低不同的代理成本。这
些研究的着眼点在于研究不同因素(风险规避系数、不完全信息、
契约形式等)对代理成本的影响,中间对样本参数的估计提供了

---

① O. E. Williamson, "A Comparison of Alternative Approaches to Economic Oranization", *Journal of Institutional and Theoretical Economics*, Vol.146, No.7, 1990.

② J.J. Laffont, M. Mohamed, "Moral Hazard, Financial Constraints, and Sharecropping in El Oulja", *Review Econimic Studies*, Vol.62, No.3, 1995.

③ C. Ferral, B. Shearer, "Incentives and Transaction Costs within the Firm: Estimating an Agency Model Using Payroll Records", *Review of Economic Studies*, Vol.66, No.2, 1999.

④ A.Copeland, C. Monnet, "The Welfare Effects of Incentive Schemes", *Review of Economic Studies*, Vol.76, No.1, 2009.

⑤ 平新乔、范瑛、郝朝艳:《中国国有企业代理成本的实证分析》,《经济研究》2003 年第 11 期;BFGS 法是由柏萝登(C.G. Broyden)、弗莱彻(R. Fletcher)、戈德福布(D. Goldfarb)以及生纳(D.F. Shanno)研究出来的,简称 BFGS。

研究对象现存激励契约激励强度的一种思路。

(4)激励强度模型

当前,关于激励强度大小的研究主要以规范研究方法为主,研究者利用经济学激励研究范式建模讨论激励强度模型。

①销售人员激励强度的一般模型

$$\max R = \int f(a) \times a \times \mathrm{d}_a - (A + B\int f(a) \times a \times \mathrm{d}_a)$$

$$s.t. \quad A + B\int f_a(a) \times \mathrm{d}_a - C(a) \geqslant U \quad (IC)$$

$$B \times \int f_a(a) \times \mathrm{d}_a + \int f(a) \times \mathrm{d}_a = C'(a) \quad (IR) \qquad (0\text{-}6)$$

林鸿熙(2004)[①]建立了销售人员激励强度的一般模型。式(0-6)中,a 是一个连续的努力变量,以 $f(a)$ 作为期望收益的密度函数。欲使代理人参与任何给定的激励约束条件,则必须满足代理人的最优选择 a。最优化目标函数 R 表示委托人达到最优控制目标时委托人所实现的最大期望收益。

该模型为薪酬激励强度的分析提供了思路。但是,基于经济学组织角度的分析,以组织(委托人)效用最大化为目标,在一定程度上忽视了个体效用的重要性。同时因为密度函数难以确定,该模型不易量化。

②科技人员激励强度博弈分析模型

龚建立等(2003)[②]建立的科技人员激励强度的博弈分析模型。他认为,该博弈过程是非序贯的静态博弈,他作出了有关过程

[①]　林鸿熙:《企业销售人员激励强度及激励替代效应研究》,《重庆大学学报(社会科学版)》2004 年第 3 期。

[②]　龚建立、张军、王飞绒:《科技人员激励强度确定与激励替代互补》,《软科学》2003 年第 4 期。

的博弈树,并假设了科技活动的自然成功率、不成功率。用经济性激励目标值的大小来替代激励强度。从四种针对科技活动成功与不成功的情况进行分析,即努力且幸运成功(p_1)、偷懒并且幸运成功($1-p_1$)、努力但不幸运(p_2)、偷懒但不幸运($1-p_2$)。模型中还涉及科技活动的自然成功率为p_0,则不成功的概率为($1-p_0$),企业给科技人员的激励强度变量为R,且用经济性激励值的大小R来代替激励强度的大小。

该模型仍旧为定性分析模型,模型中的概率指标难以获取。同时,科研活动的难度改变将直接影响概率值。因此,该方法难以用于量化分析。

③企业家激励强度影响因素模型

张正堂(2004)[①]构建了用于研究企业家激励强度影响因素的模型,具体为:

$$\max(1-\beta)(\gamma e + n + \delta u) - a$$

$$s.t. \quad (IR): a + \beta(\gamma e + n + \delta u) + \frac{1}{2}d(1-e)^2 -$$

$$\frac{1}{2}be^2 - \frac{1}{2}\rho\beta^2\delta^2\sigma^2 - \theta_0$$

$$(IC): \quad e = (\beta\gamma - d)/(b - d)$$

$$0 \leq e \leq 1, \quad 0 \leq \beta \leq 1, 0 \leq \gamma \leq 1 \quad (0\text{-}7)$$

采用一阶条件方法得到:

$$\beta = \frac{\gamma^2}{\gamma^2 + \rho\delta^2\sigma^2(b-d)}$$

通过对β求偏导,研究不同因素对激励报酬强度的影响。该

---

① 张正堂:《企业家激励报酬制度的设计》,《财经科学》2004年第2期。

方法是在一定模型假设下的范式研究,用于代理成本比较分析,难以对企业家激励强度进行量化分析。

　　激励强度一直是经济学激励研究的重点,研究主要围绕激励效用的影响因素展开。在一定研究假设下建立的经济学模型,利用优化分析可以对各种因素与激励效用的关系展开研究。由于个体偏好、能力素质的概率分布函数以及产出函数难以确定,所以该分析在量化上存在一定的困难。同时,基于统计数据的估计方法对激励强度的确定仅可对当前薪酬状况进行分析(在一定函数假设下),无法对最佳激励强度展开讨论。当前激励强度的研究对象主要为经理人,对企业一般员工而言,激励强度与个体激励效用、组织激励效用的关系,以及激励强度测度方法的研究尚需展开。

3. 系统时滞

　　对激励系统中的时间掌控,前人提出了一些建设性的意见。管理学对激励时间要素的重视始于内容型激励理论。内容型激励理论着重对引发动机的因素(激励内容)进行挖掘,该理论对时间因素的考虑主要体现在"个体需求随时间的变化发生转化或增进"的结论中。过程型激励理论着重个体对行为目标的选择,即动机的形成过程。无论是期望理论或公平理论的研究前提都包含了员工努力与员工效用达成之间存在的时间滞延。不过,研究者将重点集中在了效价和期望(员工的主观估计)上,对时滞未做研究。调整型激励理论对时间要素的讨论主要集中在强化时机和程序上,《科学与人类行为》一文把强化的时间分为连续型和间歇型。经济学家从信息不对称的角度切入激励研究,研究的重点是期望值与实际值的差异。[1] 他们认为,个体努力与努力的结果之间存在不一致性,基于数学模型的研究方法无法对时滞进行深入讨论。

激励的扭曲(Distortion of Incentives)这个定义是克尔(Kerr,1975)[2]给出的:希望得到 B,但得到的是 A。贝克(Baker,2002)[3]的解释更为详细:激励措施反而导致员工怠工,造成员工间非合作行为,挑起上下级进行博弈,为组织带来非意愿的破坏性结果。贝克在对业绩型报酬方案激励扭曲[4]效应的分析中提出,代理人行为对企业业绩的影响通常需要经过一定时间后才能显现出来,组织对个体业绩测度的时限是导致激励扭曲的一个主要原因。贝克通过举例说明了时滞带来的激励扭曲现象,但未对此观点进行规范分析或实证。

另外,当前对激励及时性问题已达成共识:激励的及时性对激励效果具有重大影响,延迟的激励有时会使激励机制部分地甚至完全地失效[5]。验证这些观点的科学性也是本书研究时滞的出发点。

五、尚待解决的问题

管理学激励理论和经济学激励理论都为本书提供了丰富的理论素材。这些理论所取得的成果,从不同的角度对激励的问题给

---

① A. Blakemore,"The New Economics of Personnel",*Journal of Labor Economics Supplement*,Vol.5,No.4,1987.

② S. Kerr,"On the Folly of Rewarding for A while Hoping for B",*American Economic Review*,Vol.87,No.3,1975.

③ G. P. Baker,"Distortion and Risk in Optimal Incentive Contracts",*Journal of Human Resources*,Vol.37,No.4,2002.

④ 激励扭曲,是指激励方案的实施并未能引导代理人作出符合委托人期望的行为,反而使其产生机会主义行为。

⑤ 王询:《组织内人工设计激励机制的不完备性、激励偏差与激励强度》,《财经问题研究》2006 年第 5 期。

出了解释和回答,但现有研究尚有不足之处。

1. 管理学、经济学激励理论的系统结合

通过文献分析可知,管理学激励研究存在激励定义杂乱和激励综合模型主体缺失的问题。这些问题揭示管理学激励理论单角度(个体角度)研究的不足。从研究视角来看,经济学激励研究比管理学宽泛,考虑到了组织要素(委托人)和个体要素(代理人)。但是,经济学激励研究中没有涉及个体行为的激发过程,对个体激励有效性的解释力度有限。

有学者认为:对激励问题,经济学和管理学的激励理论是在几乎完全不同的发展轨道上进行阐释的。管理学研究的着眼点是人的需求动机,而经济学研究的着眼点是制度关系。前者是方法导向,后者则是问题导向。这种说法解释了两个领域研究的特性,却没有揭示两个领域研究的共性。从系统角度来看,管理学激励研究主要是从个体角度展开的,经济学激励研究着重于组织资源的有效性,主要是站在组织角度来分析的,两个领域的研究都存在一定的局限性,在研究假设、对象、重点、方法上存在较大差异。但是,个体与组织是激励系统的两个要素,两者在诸多方面可以弥补不足,形成优势互补。从管理学激励理论的拓展来看,吸纳经济学激励研究的优势对弥补管理学单角度研究的不足、实现管理学理论的双角度拓展具有重要意义。因此,通过适当的理论将两者结合起来,是解决以上激励理论问题的有效办法。

2. 对激励有效性的双角度讨论

对激励有效性的双角度讨论,研究激励问题与组织激励效用、个体激励效用的关系,寻找激励问题在组织与个体之间的双赢解决方案,是激励研究发展的必然趋势。薪酬激励是管理学、经济学激励研究的焦点,对薪酬激励有效性的双角度讨论仍有待深入。

(1)薪酬激励强度问题

根据文献分析,既有研究成果对激励强度的研究对象集中于经理人、企业家,对组织一般员工的研究较少;激励强度的确定与具体企业有关,而以一般员工为对象,研究激励强度与个体激励效用、组织激励效用的关系,以及对具体企业采取什么方法测度激励强度的研究较少。因为,在组织、个体双角度讨论的思路下,了解薪酬激励强度与企业发展的关系以及掌握激励强度的方法,对薪酬设计者科学地认识激励强度、掌控激励的有效性具有重要的意义。所以,以系统观为指导,采用适当的技术构建薪酬激励强度量化分析模型,用于激励强度对组织激励效用、个体激励效用影响的分析,并从模型应用中挖掘信息具有重要的现实意义。

(2)薪酬激励系统时滞问题

学界对薪酬激励系统时滞的分析文献较少,对系统时滞与组织激励效用、个体激励效用关系的分析仍需深入。同时,验证已存在的一些系统时滞观点,是运用这些观点进行科学决策的基础。从这两个方面来看,深化对薪酬激励系统时滞的研究是有必要的。

第三节　研究框架

本书吸收和借鉴了管理学、经济学相关激励理论、系统理论、系统动力学理论、投入产出技术,在国内外学者研究的基础上,采用理论和实证相结合的研究方法,力图对激励问题进行更为系统性的研究。

一、研究思路

本书的研究主线条为"发现问题→分析问题→问题解决方案设计→实证和实验研究",具体见图0-4。

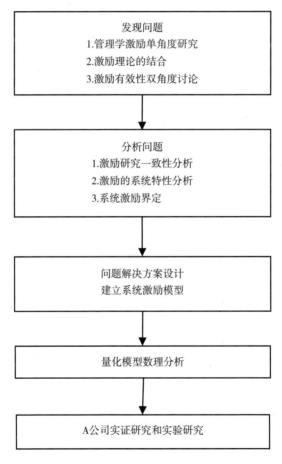

图0-4　研究思路

第一步:通过实践观察和文献分析发现问题。在文献研究的基础上掌握激励理论当前发展的现状,提出激励尚待解决的问题。

第二步:对问题进行分析。对激励的系统特性进行分析;对管理学、经济学激励研究进行比较,分析两者的差异性;在相同的研究范畴中,从系统的角度分析管理学、经济学激励研究的一致性;基于以上分析,明确以系统思想为指导的激励概念,明确激励有效性双角度检验的思路。

第三步:设计问题解决方案。以系统思想为指导,尚待解决的问题为导向,采用不同技术建立系统激励模型。系统激励模型具体内容见图0-5。

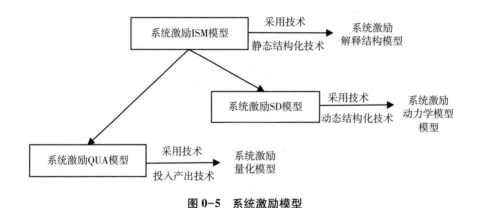

图 0-5　系统激励模型

(1)针对"管理学、经济学激励理论系统结合"的问题,构建系统激励 ISM 模型,即系统激励解释结构模型。该模型是结构模型(概念模型),从系统角度实现了管理学、经济学激励理论的结合。

(2)针对"激励有效性的双角度讨论"的问题,本书将在薪酬激励范畴中展开对激励问题的双角度讨论。该部分讨论内容包括激励强度和系统时滞问题。

以系统激励 ISM 模型为基础,建立系统激励 QUA 模型(系统激励量化模型)、系统激励 SD 模型(系统激励动力学模型),分别用于激励强度、系统时滞与组织、个体激励效用的关系分析。

第四步:在具体企业中运用系统激励 QUA 模型、系统激励 SD 模型进行实证研究和实验研究,对模型的效力进行检验。

由图 0-5 可知,系统激励模型包括:系统激励 ISM 模型、系统激励 QUA 模型和系统激励 SD 模型。其中,系统激励 ISM 模型是利用解释结构模型技术,为拓展激励系统建立的结构模型,它客观地揭示了拓展激励系统各要素之间的结构关系。

在薪酬研究范畴中,以系统激励 ISM 模型(系统激励解释结构模型)为基础,采用投入产出技术,建立了系统激励 QUA 模型(系统激励量化模型)。模型用于对激励强度与组织、个体效用关系的双角度分析及部门最佳激励强度的测定。量化模型包括两个:一是激励强度和效用关系模型;二是激励强度确定模型,具体内容见第三章。

在薪酬研究范畴中,以系统激励 ISM 模型为基础,采用动态结构化技术——系统动力学建立系统激励 SD 模型(系统激励动力学模型)。该模型主要用于对系统时滞与组织、个体的激励效用关系的双角度分析,具体内容见第四章。

二、研究内容

根据研究思路,本书主要内容包括以下五部分:

第一部分为导论。主要是通过实践观察和文献分析发现问题。

导论概述了研究的背景、目的、意义和当前激励研究在理论、模型及技术上的发展状况,以及激励研究中尚待解决的问题、本书研究框架、思路和方法等。

第二部分为第一章。主要是对激励系统性的讨论和两个领域激励研究的比较分析。

第一章分析了激励的系统特性；对比分析了管理学、经济学的激励研究的差异；从系统角度分析了两者的一致性，认为在统一的研究范畴、研究假设下，管理学、经济学激励研究并不对立，而是在各个方面优势互补。基于以上分析，明确了以系统思想为指导的激励概念，明确激励有效性双角度检验的思路。

第三部分为第二章、第三章、第四章。建立系统激励模型（群），即问题解决方案设计。

第二章对管理学、经济学激励子系统进行拓展，利用静态结构化技术——解释结构模型法构建系统激励 ISM 模型。该模型提取了两个领域激励理论的重要因素，并对因素的层次关系进行了梳理，从系统角度实现了管理学、经济学激励理论的结合。模型弥补了管理学激励综合模型主体缺失的不足，解决了管理激励单角度研究的问题，提升了激励理论的解释力。该章从模型结构、子系统、系统时滞、模型思考四个方面对模型进行了说明。

第三章在薪酬激励研究范畴中，以激励强度为问题导向，选择适当的技术，建立系统激励量化模型。构建模型包括两个：一是"激励强度与效用关系模型"；二是"激励强度确定模型"。首先，由系统激励解释结构模型（系统激励 ISM 模型）明确建模思路和步骤。其次，对变量之间的关系进行量化。在量化部门薪酬与组织产出关系时，采用了投入产出技术。鉴于投入产出外生基础模型在分析变动薪酬中存在的问题，我们对外生基本模型进行了改进，将其内生化，得到内生型投入产出模型，并确定使用内生模型Ⅱ建模。再次，对文献进行研究，讨论了当前的效用测度理论，确定了本书对个体、组织效用的量化指标和方法。复次，建立了"激励强度与效用关系模型",并就模型进行数理分析。最后,基于激励强度与效用关系模型和多目标规划建立"激励强度确定模型",该模型用于部门最佳激励强度的确定。

第四章主要在薪酬激励研究范畴中,以激励系统时滞为问题导向,利用系统动力学建立系统激励动力学模型(系统激励 SD 模型),用于研究时滞与组织激励效用、个体激励效用的关系。

第四部分为第五章、第六章。主要是采集 A 公司数据,编制 A 公司投入产出平衡表,并对 A 公司进行实证研究和实验研究。

第五章根据在 A 公司采集的数据,编制 A 公司投入产出平衡表,并就服务性企业投入产出平衡表的编制方法展开讨论和应用。

第六章首先利用投入产出分析法对 A 公司组织系统进行分析;其次,对激励强度与组织激励效用、个体激励效用的关系进行实证研究,确定部门的最佳激励强度;对系统激励动力学模型进行实验研究,分析实验结果。将实证和实验研究结论与当前理论作比较,验证模型的有效性。

第五部分为第七章。第七章是全书的总结,归纳了本书主要结论、主要创新点,并提出了后续研究的工作建议。

三、研究方法

科学化的关键,"不在'方法'而在'方法论'……在于怎么基于严谨的逻辑归纳和演绎进行定性分析"[1]。本书注重理论与实践相结合,使用模型群对问题进行验证,并充分发挥实验研究的优势,运用的具体方法如下。

---

[1] 李宝、元董青、仇勇:《中国管理学研究:大历史跨越中的逻辑困局——相关文献的一个整合性评论》,《管理世界》2017 年第 7 期。

1. 从管理实践到管理理论方法,再到管理实践的研究途径

对管理激励的一些实践、现象问题感到困惑,提出新的管理激励理论,并建立了相适应的新管理激励研究方法,最后将这些理论方法运用到企业管理的具体实践中。

2. 系统研究方法

以系统思想为指导,将管理学激励理论的个体激励系统和经济学激励理论的组织激励系统进行集成,得到新的拓展激励系统。综合运用了多种系统分析方法,对激励问题进行了系统的研究。

3. 模型群研究技术

对不同问题的分析需要建立不同的模型,本书为新的管理激励理论设计了系统激励模型群技术研究方法(见图0-5)。

4. 实验研究方法

在计算机上进行各种过程的模拟已经成为各个领域研究问题的一种重要手段。本书对企业薪酬激励系统时滞的讨论采用了实验研究方法。在真实系统中,时滞分析涉及的时间要素无法用数学关系或数学方法进行求解。利用仿真实验,可以像观察、测试真实系统那样,在系统激励动力学模型中得到系统性随时间而变化的情况。

第一章　系统激励问题的提出

　　注重研究问题的局部的思维模式会促使我们非常关注一些细节的东西,而忽略了另一些最基本的问题。正如彼得·圣吉(2002)[①]在《第五项修炼》中所言:许多企业管理方面复杂深奥的预测与分析工具,以及洋洋洒洒的策略规划,常常无法在企业经营上有真正突破性的贡献,原因在于这些方法只能用于处理细节性复杂,而无法用来处理动态性复杂。以系统理论为基础、以系统思想为指导,对问题进行全面的思考可以有效避免局部研究带来的弊病。

　　将组织和个体作为基本要素,考虑两者在激励过程中的相互作用,激励是否形成系统? 从系统来看,管理学、经济学激励研究是否存在局限性? 研究是否具有一致性? 这些问题是对"从系统角度实现激励理论结合"研究思路的合理性讨论。本章将围绕以上问题展开,首先对系统论和相关概念进行简单回顾。

---

　　① [美]彼得·圣吉:《第五项修炼——学习性组织的艺术与事务》,郭进隆译,上海三联书店 2002 年版,第 66 页。

第一节　系统论及相关概念

本书以系统论为理论基础,以系统思想为指导,对系统论和相关概念进行回顾,分析激励的系统特性。

一、系统论

对系统论的研究可追溯到公元前 300 多年的亚里士多德 (Aristotle),18 世纪的黑格尔(Hegel)对此也有研究。然而,明确提出系统思想并把它作为建立系统理论基础的是 20 世纪 30 年代的路德维希·冯·贝塔朗菲(Ludwig Von Bertalanffy)。

始于 16 世纪的欧洲工业革命将人类社会由工业前社会推进到工业社会。与此相对应,人类的科学史也由前科学时代推进到了一维科学时代(机械论时代)。在这个时代,古典物理学的研究方法主要是还原论。还原论是分解和分析的方法,与此相适应的就是机械唯物论的世界观。它认为,因果律支配的原子无目的地运动产生了世界上的一切现象。因此,错误地认为,任何一门学科要想把研究对象搞清楚,首先需要一层一层地、不断地分解对象,然后研究其基本单元。这种研究方法在物理领域和非物理领域都获得了巨大的成就,其中最突出的成就就是生物学问题的研究。把生物分解为细胞,最终"破译"了生物学中的遗传密码。但是,在其他所有学科(包括物理学)问题的研究中,人们发现机械唯物论的世界观和以分解为特征的还原论存在很大的局限性。特别是第二次世界大战的爆发,复杂的战争组织、复杂的战争资源管理和后勤保障问题向还原论提出了尖锐的挑战。

二、系统概念

系统(system)是混沌(chaos)的反义词,指相互作用着的由两个以上的要素所组成的、具有一定功能且其发展具有一定目的的有机整体。"马克思、恩格斯的辩证唯物主义认为,物质世界是由许多相互关系、相互依赖、相互制约、相互作用的事物和过程所形成的统一整体。"[①]此种关系使任何事物的存在与发展都必须考量与之关联的事物。

所谓系统思想就是系统概念的哲学概括,也是系统概念的精髓所在。一般而言,系统思想就是把所研究的问题和所从事的工作当作由相互联系的各个部分所组成的,而且这些部分与所在组织的内外环境经常相互作用。更进一步地,系统思想就是局部和全局辩证统一的思想,是一种重点研究对象的整体和部分之间关系的认识论。

人们对事物的认知是不断补充、不断完善的过程。无论是柏拉图在《理想国》一书中提出的洞穴理论,还是人们在生活中熟知的盲人摸象寓言,都揭示了人类对事物的理解是一个容错、纠错和不断增进、完善的过程。观察者的不同视角或过分强化自我,都容易使人陷入认知的傲慢,导致错误的判断,进行无效甚至有害的实践。党的二十大强调"必须坚持系统观念",指出"只有用普遍联系的、全面系统的、发展变化的观点观察事物,才能把握事物发展规律"[②]。把系

---

① 汪应洛:《系统工程理论、方法与应用》,高等教育出版社2001年版,第2页。

② 习近平:《高举中国特色社会主义伟大旗帜　为全面建设社会主义现代化国家而团结奋斗——在中国共产党第二十次全国代表大会上的报告》,人民出版社2022年版,第20页。

统观念贯彻到理论研究和实践探索中,是当前及未来一段时间学术界和实务界工作的核心所在。

第二节 激励的系统特性

在组织范畴中,激励具有系统的一般特性。

一、集合性

组织激励职能的实现不是单一要素可以完成的,没有组织的推动、没有个体的参与都无法完成激励的过程,这就决定了组织激励是由两个或两个以上的可以相互区别的要素所组成。

二、相关性

实现激励功能的各个要素是相互联系、相互作用的,并保持一定的有机次序,向同一目的行动。组织与个体(以对象分类)、委托人与代理人(以信息分类)之间并非静态的联系,而是相互作用、相互依存的,形成了以激励为特定功能的综合体。

三、阶层性

激励作为组织的重要管理职能,服务于组织的目标,可以分解为一些子系统,并存在一定的层次结构。管理学对激励问题的研究,是在以个体要素为主的个体子系统间展开的;经济学对激励问题的研究是以资源分配为前提,在个体与组织的博弈中讨论,围绕以组织要素为主的组织子系统间展开的。由于组织要素对个体要素进行导向,所以,个体要素的激励子系统分析不能脱离组织要素,要素之间具有层次性。

四、整体性

系统整体性指具有独立功能的激励系统要素以及要素的相互关系(相关性、阶层性)是根据逻辑统一性的要求,存在于系统整体中。当把这两种理论都纳入组织框架(范畴)中思考的时候,本书发现激励的过程是这样的:组织根据自身目标采取行动,促使员工保持与组织目标一致的行动,促进员工更加积极地工作;员工在实现个体绩效的基础上,实现组织目标,组织给予员工相应的奖酬,实现员工个体目标。在这个过程中,组织目标是激励的主线,所有活动的开展都需要围绕这个主题。在这个主题的引导下,开展对个体的激励,以个体良好行为实现组织目标,形成良好的激励功能。两者协调存在于系统整体中,具有逻辑统一性。

五、目的性

系统通常都具有某种目的,要达到既定的目的,系统都具有一定的功能,该功能是区别某系统与其他系统的标志。激励系统的目的就在于通过激励提升员工的工作积极性,提高劳动生产率,达成组织和个体的激励目标。

六、环境适应性

组织的激励系统必须和组织环境相适应,同时也要参考组织外部环境。例如,薪酬激励方案的设计必须参考外部薪酬水平,以实现薪酬激励的外部公平。

在组织范畴中,激励具有系统的以上六种特性,所以,激励是一个系统。

第三节　激励研究剖析

下面我们将在激励系统中讨论管理学、经济学激励研究的特征。从系统角度探讨两个领域研究的系统局限性和系统一致性。

一、管理学

本节主要从理论应用的逻辑前提、激励过程模式两个方面来讨论管理学激励研究。

1. 理论应用的逻辑前提

尽管个体激励的定义与组织激励的定义不加区分的现象普遍存在,但概念在实际运用中却未产生太大的障碍,是什么规避了定义的不足而被广泛应用? 究其原因,是激励基于动机的定义虽局限于个体范畴,与激励的管理性质不同,但是该理论应用存在一个普遍的逻辑前提,即"个体激励→个体绩效提高→组织绩效提升"。

在一定条件下,该逻辑前提是成立的。早期的激励研究涉及的组织结构较为简单,层次少、劳动分工不复杂。在良好的监督机制下,信息较为对称,个体绩效与组织绩效保持着很好的一致性,绩效一致性的假设可以成立。早期的激励研究者,重视对个体心理、生理反应的研究,通过对个体的激励来满足激励实施者(组织)所需要的行为。激励理论在管理实践中获得了很好的成效,间接地验证了该逻辑前提存在的合理性。

　　然而,随着组织扩张、层次增加,信息不对称问题日益加剧,导致绩效不一致问题不可回避。应该说,该逻辑前提揭示了个体绩效与组织绩效的一般关系,但并不完全。完整的逻辑线应存在三种情形:

$$个体激励 \rightarrow 个体绩效提高 \rightarrow \begin{cases} 组织绩效提升 \\ 组织绩效不变 \\ 组织绩效下降 \end{cases}$$

　　在不完整的逻辑前提指导下,激励研究者容易出现两个问题:一是在理念中,忽视个体绩效与组织绩效存在的不一致,即忽视激励扭曲问题;二是在运用中,大部分激励研究者将注意力集中在了"个体激励→个体绩效提高"的阶段,忽视了"个体绩效提高→组织绩效提升"的阶段,即忽视了组织在激励中的受益。

　　第一个问题导致了对激励扭曲问题的忽视,第二个问题导致了对组织主体的忽视。

2. 激励过程模式

　　从激励过程模式来分析管理学对激励的研究[1],见图1-1。由图可知,激励的过程模式为"未满足的需求→目标驱使行动→满足需求"。管理学对激励的研究从该过程模式的每个环节中,发展出了注重不同环节的激励理论和方法,即内容型、过程型、调整型。

---

① 余凯成:《组织行为学》,大连理工大学出版社2001年版,第140页。

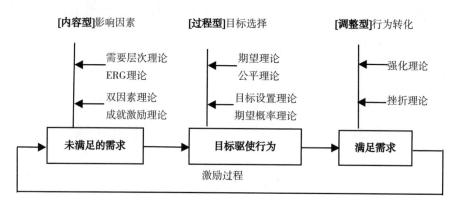

图 1-1　三类激励理论与激励过程模式

管理学认为应该注意激励的三个环节:第一,在激励的前期,认知激励对象的需求,确定激励的方向;第二,在激励的中期,重视对激励对象行动的信心和达成目标的能力的培养,保持激励的力度;第三,在激励的后期,注重对员工正确行为的鼓励和错误行为的纠偏,维持激励的作用时间。总之,激励作为因变量是激励的方向、力度、持续期三个自变量的函数。由此可见,管理学激励研究重视个体特性,强调个体"社会人"的本质;在管理的应用中强调过程变量的控制,即从个体需求出发到个体行为激发这一整个过程的监督。

由图 1-1 可知,从系统角度来看,管理学对激励的研究始终是在个体的闭合环路中来进行的,以个体需求导向、行为激发、需求满足为主线,从中寻找提升个体积极性的方法、措施。在这个过程中,组织作为激励的施力者不在激励研究的范畴内。由于研究者是在个体的封闭单环中寻找解决激励的方法,必然忽视了激励的根本目标(实现组织目标)。同时,离开了组织谈论个体激励的研究势必导致本末倒置的发生。

综上所述,管理学激励研究是基于个体的研究,忽视了组织在激励中的作用。从系统角度来看,管理学基于个体单角度的研究存在很大的局限性。

二、经济学

本节从委托代理理论角度讨论经济学激励研究的特点。委托代理理论研究的意旨在于,解决由信息不完全或者不同行为主体之间的信息不对称带来的委托—代理问题。经济学解决激励问题的方法在于建立合理契约,利用相容制度的运行机制进行低成本控制。

1. 研究假设

经济学激励理论范式研究假设为:组织函数与个体目标函数不一致,信息不对称。拉丰、马赫蒂摩(2002)[①]认为"组织函数与个体目标函数不一致"这个假设有一定局限性。

"经济学假设经济人追求个人利益最大化是经济学最基本的假设,由此导致的当事人之间目标不一致是经济学中不容回避的事实……当然这个基本假设有其自身的局限性。因为社会行为尤其是较小组织中的主体行为是非常复杂的,并且我们必须注意到在社会文化演进中形成的行为规范对社会行为起着十分重要的作用……"

也就是说,在组织中,组织与个体目标不一致或一致的假设都应存在。当两者目标一致时,对激励的研究可基于个体的研究,即通过提升个体(代理人)绩效来提升组织(委托人)绩效,可利用管

---

① [法]拉丰、马赫蒂摩:《激励理论(第一卷):委托—代理模型》,中国人民大学出版社2002年版,第Ⅳ页。

理学激励理论的逻辑前提进行激励分析。

2. 研究范式

在委托代理理论中,假设代理人具有私人信息,该私人信息分为两类:第一类发生在契约签订前(事前,ex ante),委托人无法获知代理人所拥有的关于成本或价值的私人信息。契约签订前由于信息不对称带来的激励问题,称为"隐匿信息"或"逆向选择"。第二类发生在契约签订后(事后,ex post),委托人无法观察到代理人的知识或行为。契约签订后由于信息不对称带来的激励问题,称为道德风险,包括隐匿行为的道德风险和隐匿信息的道德风险。因为个体在进入组织的时候已经与组织签订了契约,即激励问题的发生主要集中于契约签订后,所以需着重对道德风险进行讨论。

以下就委托代理理论的基本问题进行讨论,发掘经济学对激励研究的思路及方法[①]。第一,假设 A 代表代理人所有可选择的行动组合,$a \in A$ 表示代理人的特定行动。第二,令 θ 为不受代理人和委托人控制的外生随机变量,称为"自然状态",Θ 是 θ 的取值范围;θ 在 Θ 上的分布函数和密度函数分别为 $G(\theta)$ 和 $g(\theta)$。第三,在代理人选择行动 a 后,外生变量 θ 实现。a 和 θ 共同决定一个可观测的结果 $x(a,\theta)$ 和一个货币收益 $\pi(a,\theta)$。第四,假定 π 是 a 的严格递增的凹函数,即给定 θ,代理人工作越努力,产出越高,但努力的边际产出率递减;假定 π 是 θ 的严格增函数,即自然状态越有利,产出越高。理论上,x 和 π 不完全相同,即 $\pi(a,\theta)$ 可能除了包含 π 外还包含其他一些变量,为了处理方便,假设 π

---

① 该部分相关内容可参看陈国富主编:《委托—代理与机制设计:激励理论前沿专题》,南开大学出版社 2003 年版,第 8—10 页。

是唯一可观测的变量,即 $x(a,\theta) = \pi(a,\theta)$ 。如此,委托人问题就是设计一个激励合同 $s(\pi)$,根据观察到的产出 π 来对代理人进行奖惩,将委托代理问题表示为:

$$\max_{a,s(\pi)} \int v(\pi - s(\pi)) - f(\pi,a)d\pi$$

$$s.t. \quad (IR) \int u(s(\pi))f(\pi,a)d\pi - c(a) \geq \bar{u}$$

$$(IC) \int u(s(\pi))f(\pi,a)d\pi - c(a) \geq \int u(s(\pi))f(\pi,a')d\pi -$$

$$c(a'), \forall a' \in A \tag{1-1}$$

式(1-1)中,(IR)为激励参与约束(participation constraint),即代理人(个人)从接受合同中得到的期望效用不能小于不接受合同时能得到的最大期望效用。该最大期望效用由他面临的其他社会机会决定,可以称为保留效用。(IC)为激励相容约束(incentive compatibility constraint),即代理人从委托人所希望出现的行动 a 中获得的效应,必须不小于代理人从其他行动 $a' \in A$ 中获得的期望效用。其中, a' 是代理人除 a 外其他所有可能的行动。归纳起来,委托人问题就是,在给定的信息结构下,选择 a 和 $s(\pi)$ 最大化收益,当然,这种选择必须满足约束条件(IR)和(IC)。

从研究范式可知,经济学研究着重于组织资源的有效性,对激励的讨论是在委托人(组织)和代理人(个体)之间进行的。激励主要是在特定的环境中,根据理性人假设,设计出一系列旨在维护组织利益的企业制度。经济学对激励问题的阐述习惯用到机制(mechanism)。它强调激励是被激励者与激励者、个体与组织之间彼此相互作用,在外力的影响下在内部产生的调节方式。经济学激励研究的思路显然与管理学从心理、行为角度对个体的激励研究完全不同。它以组织利益为决策导向,考虑资源在两者之间更为合理地分配,以提升双方的收益。

从系统角度来看,经济学研究存在一定的局限性。经济学从资源分配的角度研究激励,未对个体激发的过程进行讨论,未涉及激励管理的过程,必将忽视激励过程中个体的心理感受和需求,降低理论的解释力。经济学对激励讨论的研究范畴囿于外激励,无法有效解释激励中的内激励现象。同时,以结果变量的管理来替代过程变量的管理过于粗放。总之,经济学对激励进行研究,着重于组织资源有效性的讨论,比管理学激励研究更为全面。但忽视了个体激发过程,存在一定的局限性。

三、研究比较

下面对这两个领域的研究进行比较,见表1-1。从表1-1可知,从逻辑前提(研究假设)、研究领域、研究对象、研究重点、效率目标、研究方法、管理运用以及控制重点这些方面来看,这两个领域的研究都存在诸多差异,具有各自的特性。

表1-1　激励研究比较

领域 分类	管理学激励研究	经济学激励研究
逻辑前提/ 研究假设	逻辑前提:个体激励→个体绩效提高→组织绩效提升	研究假设:个体目标与组织目标不一致,信息不对称
研究领域	心理学、行为学	经济学
研究对象	个体(群体)	委托人(企业、组织、社会) 代理人(个体)
研究重点	个体心理及行为	资源均衡分配
效率目标	个体劳动效率	资源配置效率

续表

领域 分类	管理学激励研究	经济学激励研究
研究方法	理论及实证	理论及范式研究 （数学模型推理）
管理运用	方法、措施	机制设定
控制重点	个体需求→个体行为过程变量控制	个体成本→组织成本结果变量控制

（1）从研究领域来看,管理学激励研究源于心理学、行为学领域;经济学激励研究源于经济学领域;

（2）从研究对象来看,管理学激励研究主要研究组织中的个体;经济学激励研究主要研究委托人和代理人（委托人可指经理人,也可指企业、组织、社会）;

（3）从研究重点来看,管理学激励研究重视个体心理及行为;经济学激励研究重视资源均衡分配;

（4）从效率目标来看,管理学激励研究重视个体劳动效率;经济学激励研究注重资源配置效率;

（5）从管理运用来看,管理学激励研究注重激励方法和措施;经济学激励研究注重激励机制的制定;

（6）从控制重点来看,管理学激励研究注重对过程变量的控制,即个体需求到个体行为的过程;经济学激励研究注重对结果变量的控制,即个体成本与组织成本。

四、研究的一致性

以上我们讨论了两个领域激励研究的差异。有研究者认为,虽然利用不同的研究方法对激励问题的讨论得出的结论有所不同,但是对两者进行综合研究,可以发现两者并不必然对立,而是具有很大程度的一致性。以下我们从系统的角度讨论这两个领域研究的一致性。

为了研究两者的共性,本书对激励研究的范畴加以统一,即将两者放于相同的参照体系中。从研究范畴来看,经济学激励研究比管理学激励研究宽泛,不限于组织,还旁及社会。因此,统一的研究范畴为组织。对管理学激励研究而言,扩展了激励理论基于个体的研究,强调了研究对象为"组织中的个体";对经济学激励研究而言,限制了委托代理理论对社会问题的思考,将研究重点集中于组织和组织中的个体。

同时,本书认为,组织目标与个体目标一致或不一致的研究假设都同时成立。组织目标和个体目标一致是一种非常理想的状态,也是激励管理者的至高追求。选择怎样的研究假设展开分析,依赖于组织的具体情况和研究目标。就当前的组织而言,更多的时候需要从不一致的角度去思考激励问题。

在统一的研究范畴、研究假设下,将个体与组织作为系统的要素,从系统的角度来看,管理学激励研究、经济学激励研究并不对立,而是优势互补,具有一致性,具体如下:

(1)从研究对象来看,管理学激励研究专注于个体;经济学激励研究专注于组织。管理学激励研究以"员工为主导"、经济学激励研究以"组织为主导"的两种倾向,正好保证了激励研究的完整思路。

(2)从研究重点来看,管理学激励研究更关心人的动机、需求,经济学激励研究更关心组织资源分配。这两者,一个为组织人力资源,另一个为组织物力资源,对两种资源的关心保证了资源分析的完整性。

（3）从效率目标来看,管理学激励研究的着眼点是人的需求、动机,以方法为导向,研究组织中人的共性,注重于"提升个体劳动效率";经济学激励研究的着眼点是制度关系,以问题为导向,研究组织中人力资本所有者与物力资本所有者的关系,偏向于"提升资源配置的效率"。众所周知,效率是一种制度或机制保持生命力的根本。管理学激励研究和经济学激励研究的不同角度正好保障了组织的"效率",促进组织可持续发展。

（4）从管理运用来看,激励方法、措施是对个体的过程监督,机制是对个体产出的监督,两者缺一不可。

（5）从控制重点来看,管理学激励研究着重于过程变量控制,而经济学激励研究着重于结果变量控制。过程与结果的结合才能使系统作用过程具备完整性。

综上所述,管理学激励研究、经济学激励研究虽然在形式上存在较大的差异,但是从系统的角度来看,两者可优势互补,具有一致性,可加以结合,以弥补管理学、经济学激励研究的不足,从而形成较为完整的激励系统。

第四节　系统思想与激励

激励系统是由组织、个体以及相关要素组成的具有激励管理功能的综合体。在完整的激励系统中对激励的研究不能割裂地看待系统要素,对激励的研究应该以系统思想为指导。因此,在组织范畴内,以系统思想为指导的激励是指:

以组织目标为导向,建立促进组织与个体目标一致性的工作、奖酬方法或制度,激发员工工作积极性。通过对要素作用过程的监督以及作用结果的考核,促进组织、个体目标的共同实现。

此激励概念包含以下几个方面的内容:

(1)建立的工作、奖酬方法或制度应促进组织、个体目标的一致性。也就是说,基于系统思想的激励管理应该尽可能地保持个体目标和组织目标的同向,减小激励扭曲。

(2)控制激励可以从要素作用过程和结果变量两方面来进行。基于系统思想的激励管理既包括对个体绩效的结果变量控制、调节和管理,也包括对个体行为的控制、调节和管理,是过程管理与结果管理的统一。

(3)激励有效性是基于组织、个体两个角度的思考,即有效的激励促进组织、个体目标的双实现。基于系统思想的激励策略的决策并非单一目标(组织目标或个体目标)最大化,而是综合两者,权衡决策。当在一定的指标体系中,衡量激励目标的达成情况时,描述个体、组织目标的系统指标之间有时是相互矛盾的,有时是互为消长的。为此,要从整体出发力求全局最好的效果,要在矛盾目标之间做好协调工作,寻求平衡或折中的方案。

以系统思想为指导的激励强调了组织目标、个体目标一致的重要性,从过程监督和结果控制两个方面进行激励管理,明确了从组织、个体两个角度检验激励有效性的双角度思路。

本章完成了四个工作:首先,对系统论和相关概念进行了简单回顾,在组织范畴中讨论了激励的系统特性。其次,对管理学、经济学两个领域的激励研究的特征进行分析。对管理学激励研究的分析从理论运用逻辑前提、激励过程模式两个方面入手。研究指出了管理学激励研究是基于个体的研究,忽视了组织在激励中的作用,从系统角度来看,存在很大的局限性。对经济学激励研究的分析从范式入手。研究提出了经济学激励研究包括组织和个体,着重于组织资源有效性的讨论,忽视了个体激发过程,从系统角度来看,仍存在一定的局限性。再次,对两个领域的研究进行了比较。研究发现,从形式上,两者存在较大差异。在统一的研究范畴(组织)中,从系统角度对管理学激励研究、经济学激励研究的一致性进行了分析。分析认为,从系统角度来看,管理学激励研究、经济学激励研究激励研究并不对立,而是具有很大程度的一致性,可以从系统上加以结合,形成优势互补。最后,阐述了在组织范畴内以系统思想为指导的激励概念,明确了激励有效性双角度检验的思路。

第二章　系统激励解释结构模型

从系统来看,管理学激励研究、经济学激励研究并不对立,而是具有很大程度的一致性,可以从系统角度加以结合,形成优势互补。本章将以系统思想为指导,利用系统的分析方法,以管理学、经济学现有理论为基础,从系统角度将两个领域的激励研究进行结合,构建系统激励 ISM 模型,即系统激励解释结构模型。

第一节　激励系统

在企业经营规模扩张、所有权与控制权分离(导致职能分解、利益分化等问题)的形势下,激励参与者之间的关系以及激励的整个过程已构成了复杂的系统。管理学对"个体"从动机激发到行为导向的心理学、行为学研究已颇具成效,经济学对"组织—个体"为解决信息不对称而发掘的资源有效配置机制也应用广泛。以下将从系统角度对两个领域的激励子系统进行分析,寻找相同的系统要素。为更加清晰地了解激励子系统的特征,我们绘制了管理学、经济学激励子系统的动力学流程图，见图2-1和图2-2。

一、个体激励系统

我们称管理学基于个体研究的子系统为个体激励子系统。管理学激励研究的重心围绕个体（被激励者），沿着从个体的努力到个体目标的主线展开。下面我们利用系统动力学流程图绘制出个体激励子系统，见图2-1。

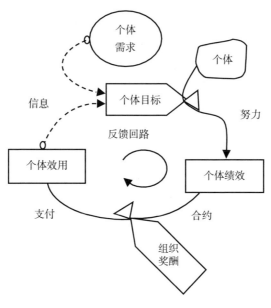

图2-1　个体激励流程

由图2-1可见，个体为"源"，个体需求导向个体目标；个体目标是个体的"决策函数"，并以此决定个体的努力程度，控制自身"行动"；个体工作的努力程度带来了个体绩效的改变，该绩效值是系统的"水准"；水准值反馈回到组织，组织根据个体绩效给予奖酬，奖酬为系统的"决策函数"；奖酬信息通过支付行为，作用于个体效用，个体效用是系统的另一个"水准"；个体根据个体效用

"信息"调整自身目标。在这个激励的流程图中,个体目标是个体决策函数的结果,而个体的决策函数可以用 VIE 理论加以阐述。

在该系统中,反映组织存在的部分为组织奖酬,没有体现组织在激励中的主导地位。组织参与的缺乏导致了系统调节的困难。组织作为系统的主体,其考虑的系统因素不仅有个体(被激励者),而且也会更多地考虑自身在激励方案中的获益。因此,在激励的系统中,组织是通过调节个体与组织的激励效用情况来进行激励设计的。应该说,该子系统对个体从需求到行为导向的整个过程描述较为完整,但对组织的描述不全。因此,在管理学激励研究的系统中需要补全组织部分。

二、组织激励系统

组织如何权衡利弊,促进个体与组织双赢,经济学激励研究提供了较好的思路。以下借助经济学用于讨论租金抽取与配置效率相权衡的基础模型来分析激励研究的路线[①]。

考虑一个委托人给一个代理人生产 q 单位的商品,委托人从 q 单位商品中获取的效用为 $S(q)$。其中,$S^{'} > 0$,$S^{''} < 0$,$S(0) = 0$。委托人无法观察到代理人的生产成本,但以下事实是双方的共识,即产品具有固定成本 F,以及边际成本 $\theta \in \Theta = \{\underline{\theta}, \bar{\theta}\}$。代理人可能是高效率的($\underline{\theta}$),也可能是低效率的($\bar{\theta}$),其概率分别为 v 和 $1 - v$。

代理人的成本函数 $C(q, \theta)$ 表示为:

---

① 邹薇:《高级微观经济学》,武汉大学出版社 2004 年版,第 264—281 页。

$$\begin{cases} C(q,\underline{\theta}) = \underline{\theta}q + F, & v \\ C(q,\bar{\theta}) = \bar{\theta}q + F, & 1-v \end{cases}$$

$\Delta\theta = \bar{\theta} - \underline{\theta} > 0$。根据假设,分析问题的经济学变量为产量 q 和代理人所得到的转移支付 t。令 A 表示可行集配置,则:

$$A = \{(q,t):q \in R_+, t \in R\}$$

委托人须在获知代理人类型前向代理人提供一组契约。利用期望效用来计算委托人收益,则委托人规划问题可表示为:

$$(P) \quad \max_{\{(t,t)\}} v(S(\underline{q})-\underline{t})+(1-v)(S(\bar{q})-\bar{t})$$

$$\underline{t}-\underline{\theta q} \geq \bar{t} - \underline{\theta}\bar{q}\cdots(1)$$
$$\bar{t}-\bar{\theta q} \geq \bar{t} - \bar{\theta}\underline{q}\cdots(2) \qquad\qquad (2-1)$$
$$\underline{t}-\underline{\theta q} \geq 0\cdots(3)$$
$$\bar{t}-\bar{\theta q} \geq 0\cdots(4)$$

式(2-1)的(1)、(2)表示了激励的相容约束,即高效率的代理人选择高效率的契约比选择低效率的契约更好;低效率的代理人选择低效率的契约比选择高效率的契约有效;(3)、(4)表示了激励的参与约束,即无论是高效率代理人还是低效率代理人都有因为接受契约而带来的机会成本问题。在这里,我们假设其他的机会成本为 0。从式(2-1)可知,组织在由激励相容约束和参与约束所定义的激励可行集配置下,实现组织效用最大化。

由于经济学激励研究主要是从组织角度对激励进行讨论,我们称其研究的子系统为组织激励子系统。下面利用系统动力学流程图绘制出组织激励子系统,见图 2-2。

由图 2-2 可知,组织为"源",组织发展的需求导向了组织目标;组织目标是组织的"决策函数",以此决定组织对个体的激励

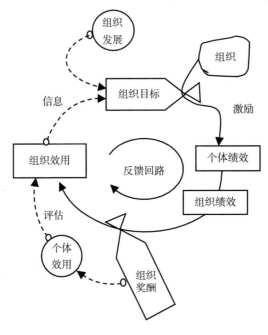

图 2-2　组织激励流程

措施;组织激励带来了个体绩效的改变,个体绩效是系统中的"水准",水准值反馈回到组织绩效(组织绩效的达成以个体绩效的实现为前提),组织绩效达成情况也是系统的"水准";"组织奖酬"为系统第二个"决策函数",通过组织评估,确定组织的效用;组织效用是系统的第三个"水准",组织根据组织效用的信息调整自身的目标。在该系统中,个体效用信息是个体达成绩效,并从组织获酬以后提取出来的。个体效用对组织效用具有约束作用,在范式研究中通常表现为可行集配置。

　　该系统以组织目标为导向,组织通过激励调整个体业绩、组织业绩,并在适当的奖酬给付下保持一定的组织效用。在该过程中,个体绩效的提升是实现组织目标的重要步骤。需要注意的是,组织激励系统缺少个体激发的过程,对激励问题的解释力有限。因此,在组织激励系统中,需要弥补个体激励系统,即把管理学激励的研究成果纳入其中。

三、拓展激励系统

我们定义,个体激励系统和组织激励系统集成得到的系统为拓展激励系统。我们根据两个激励系统的流程图绘制出激励系统简图,见图2-3。个体激励子系统简图[①]见图2-3(a)、图2-3(b)。图2-3(a)表示个体激励的整个过程,图2-3(b)是图2-3(a)的简图。由图可知,管理学激励研究主要在个体的单点回环中展开。

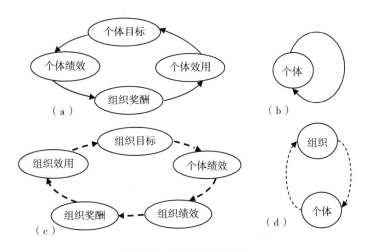

图 2-3 激励子系统简图

组织激励系统简图见图2-3(c)和(d)。(c)表示组织激励的整个过程,(d)是(c)的简图。经济学激励研究主要在"组织↔个体"的双点回路中展开。

对个体和组织激励系统简图进行分析发现,个体是两个系统的共同要素。通过个体要素将两个系统集成,得到拓展激励系统

---

① 方茜:《激励系统的解释结构模型研究》,《四川理工学院学报》2006年第5期。

示意图—简图(见图2-4)和示意图—详图(见图2-5)。

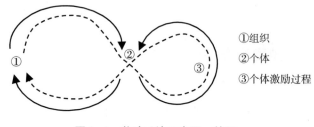

①组织
②个体
③个体激励过程

图 2-4 激励系统示意图—简图

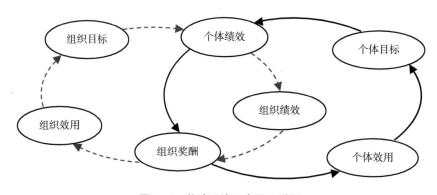

图 2-5 激励系统示意图—详图

图 2-4 中,①表示组织;②表示个体;③表示个体激励过程。图中可见两个激励系统:组织激励系统为"①→②→①";个体激励系统为"②→③→②"。组织激励系统是经济学研究的内容,个体激励系统是管理学研究的内容。①②③以"②"为结合点,系统连接拓展后的大系统为:①→②→③→②→①,即虚线所示流程。

系统拓展示意图—详图,见图 2-5。图中虚线环路表示经济学激励研究的思路;实线环路表示管理学激励研究的思路。对个体而言,组织奖酬是决策函数,是个体判断效用的决策依据;对组织而言,组织奖酬也是决策函数,是组织效用的决策依据,与组织绩效一起确定组织的效用。拓展后的系统涵盖了两个领域原有的激励系统,互补和完善了彼此的不足。

第二节 关于解释结构模型

影响激励水平[①]的要素很多,这些要素之间的关系究竟是怎样的? 由于系统是由许多具有一定功能的要素所组成的,而各个要素之间总是存在相互支持或相互制约的逻辑关系。因此,对系统的深入认识要求我们更好地了解系统各个要素之间的联系,也就是掌握系统的结构,或者说,必须建立系统的结构模型。

一、结构模型简介

所谓结构模型,就是用有向连接图来描述系统各要素间的关系,以表示一个作为要素集合体的系统模型。它是概念模型,以定性分析为主,主要用于分析系统要素选择的合理性和系统要素及其相互关系变化时对系统整体影响的问题。

结构模型有以下四个基本性质。第一,结构模型是一种几何模型。第二,结构模型是一种以定性分析为主的模型。通过结构模型,可以分析系统要素选择是否合理,还可以分析系统要素及其相互关系变化时对系统总体的影响等问题。第三,结构模型除了可以用有向连接图描述以外,还可以用矩阵来描述。而矩阵可以通过逻辑演算用数学方法进行处理。因此,如果要进一步研究各要素之间的关系,就能通过矩阵形式的演算,可使定性分析和定量

[①] 对激励水平的表达以研究对象作划分,其中,组织激励水平称为组织效用,个体激励水平称为个体效用。

分析相结合。层次分析法就是在结构模型的基础上,通过矩阵形式运算,使定性分析和定量分析相结合的一种评价和决策的方法。第四,结构模型作为对系统进行描述的一种形式,正好处在自然科学领域所用的数学模型形式和社会科学领域所用的以文章表现的逻辑分析形式之间。

由于结构模型具有上面的这些基本性质,因此,通过结构模型对复杂系统进行分析,往往能够抓住问题的本质,并找到解决问题的有效对策。

二、解释结构模型

本书采用解释结构模型法(Interpretative Structural Modeling,ISM)建立系统激励解释结构模型,即系统激励 ISM 模型,以加深对激励系统要素的综合认识。解释结构模型法是美国华费尔特教授于 1973 年作为分析复杂的社会经济系统有关问题的一种方法而开发的。其特点是把复杂的系统分为若干的子系统(要素),利用人们的实践经验和知识,以及电子计算机的帮助,最终将系统构造成一个多级递阶的结构模型。

ISM 属于概念模型,它可以把模糊不清的思想、看法转化为直观的具有良好结构的模型。ISM 可以通过矩阵形式来描述,而矩阵可以通过逻辑演算用数学方法进行处理。因此,如果要进一步研究各要素的关系,可以进行矩阵演算。

三、ISM 建模步骤

解释结构模型的建模包括以下几个步骤:

(1)设定问题。在 ISM 实施准备阶段,对问题的设定应当清

晰,并以文字形式作出规定;

（2）选择构成系统的要素,并制定要素明细表备用;

（3）根据要素明细表作构思模型,并建立邻接矩阵和可达矩阵;

（4）对可达矩阵进行分解,建立结构模型;

（5）根据结构模型建立解释结构模型。

第三节　构建模型

本书选择 ISM 建模的原因如下:第一,管理学激励综合模型大部分为结构模型,结构模型的直观性对管理者理解激励有很好的作用。第二,它是一种概念模型,可以把模糊不清的思想、看法转化为直观的具有良好结构的模型。第三,在管理学、经济学已有的激励理论先验知识下,将两个子系统拓展为大系统,且通过计算机帮助将系统构造成一个多级递阶的结构模型,适合本书的需求,完全符合 ISM 建模的特点。第四,前后研究一致性的需要。解释结构模型属于"结构决定技术"的"静态结构化技术",后面的章节中,我们会使用"动态结构化技术"进一步研究激励系统。

一、要素选择

设定的研究问题为:确定激励系统的要素以及要素之间的关系。

系统要素选择是建模的关键步骤。我们将从管理学激励综合模型、管理学和经济学激励理论中提取出关键要素。以往的管理学激励综合模型中并未涉及企业制度因素,但激励机制是经济学分析的要点,因此,在系统要素选择中,我们筛选了与激励相关的制度。

由于管理学激励综合模型基本涵盖了管理学的激励研究,所以在分析中我们特别指出了不同激励综合模型涉及的激励理论及所选要素。参照的激励模型有:勒温场动力综合激励模型、迪尔综合激励模型、豪斯综合激励模型、波特—劳勒综合激励模型、罗宾斯综合激励模型、纽斯特罗姆和戴维斯的组织激励模型和经济学激励模型。

不同模型中涉及的激励理论和提取要素见表2-1。

表2-1 要素来源理论/模型

激励理论或模型	要素名称
勒温场动力综合激励模型	个体努力、环境、个体绩效
迪尔综合激励模型	内在奖励、外在奖励(组织奖励)
豪斯综合激励模型	内在奖励、外在奖励(组织奖励)
波特—劳勒综合激励模型	个体努力、能力素质、个体绩效、内在奖励、外在奖励(组织奖励)、公平感知
罗宾斯综合激励模型	个体努力、个体绩效、内在奖励、外在奖励(组织奖励)、个人目标、公平感知、绩效考评、能力素质、主导需求
纽斯特罗姆和戴维斯的组织激励模型	个体努力、个体绩效、组织奖励、能力素质、环境、个人目标、主导需求
经济学激励模型	组织效用、个体效用、个体努力、个体绩效、组织绩效、风险态度
激励定义文献	组织目标、个体目标

(1)个体努力、环境、个体绩效

勒温场动力综合激励模型:勒温认为,个人行为的方向和力量取决于个人的内部动力大小和环境刺激程度大小的交互作用。从该模型提炼出的要素为个体努力、环境、个体绩效①。

（2）内在奖励、外在奖励（组织奖励）

迪尔综合激励模型、豪斯综合激励模型：这两个激励模型都强调激励水平应该取决于内在性激励和外在性激励。从这两个模型提炼出的要素为内在奖励、外在奖励。在组织范畴中外在奖励等同于组织奖励。

（3）个体努力、能力素质、个体绩效、内在奖励、外在奖励（组织奖励）、公平感知

波特—劳勒综合激励模型：该模型以工作绩效为核心，以"激励/努力→绩效→满意感"为轴线，突出了工作绩效导致工作满意感的因果关系。模型的骨架或因果分析脉络就是弗鲁姆的期望（VIE）理论：一个人的工作积极性（激励）高低及由此衍生的投入工作的努力大小，取决于目标的效价，即通过努力想最终达到的目标（内、外在奖酬）在此人心目中的主观价值的高低（或相对重要性的大小），以及努力、绩效、奖酬间关系的主观效率，即对所投入的努力想要达到的绩效水准，进而获得"想得到的奖酬"的期望的大小。

模型涉及的激励理论有期望理论（VIE）、公平理论、强化理论以及迪尔和豪斯对激励的内、外划分理论。

（4）个体努力、个体绩效、内在奖励、外在奖励（组织奖励）、个人目标、公平感知、绩效考评、能力素质、主导需求

罗宾斯综合激励模型：选择"罗宾斯综合激励模型"的主要原因在于它比波特—劳勒综合激励模型更为完善，模型中涉及的激

---

① 个体行为力量我们用个体绩效指标替代。

励理论成果更多。模型的基本框架为:个人努力→个人绩效→组织奖励→个人目标。

模型涉及的激励理论有:第一,期望理论。如果一个员工感到努力和绩效之间、绩效和奖励之间、奖励和个人目标之间的满足存在密切关系,那么他就会努力地工作。第二,需要层次理论。组织奖励对个体而言具有的效用取决于个体主导需求。第三,成就需要理论。高成就者不会因为组织对他的绩效评估或组织提供的奖励而受到激励,对他们来说,努力与个人目标之间有着直接的关系。对于高成就者来说,只要他们的工作能提供个人责任感、信息反馈和中等程度的冒险性,他们就会产生完成工作的内部驱动力。第四,强化理论。它通过组织提供的奖励对个人绩效的强化体现出来。如果管理层设计的奖励体系在员工看来是致力于奖励高工作绩效,那么这种奖励就会进一步强化和鼓励持续的高绩效水平。第五,公平理论。个人会把自己从投入中得到的奖励(产出)与其他相关人士进行对比,如果感到两者不平等,则会影响个体付出努力的程度。第六,目标设置理论。模型中的"个人目标"与目标设置理论观点相一致,目标—努力这个过程提醒我们注意目标对行为的导向作用。

(5)个体努力、个体绩效、组织奖励、能力素质、环境、个人目标、主导需求

纽斯特罗姆和戴维斯的组织激励模型:在这个模型中,激励的起点是个体的需要和驱动力。个体经过紧张、努力,达到绩效,获取报酬,从而满足自身的需求。

(6)组织效用、个体效用、个体努力、个人绩效、组织绩效、风险态度

经济学激励模型:经济学委托代理人模型是经过抽象的数学模型。此模型中主要的因素是委托人(组织)和代理人(个体)。研究范式是在"激励参与约束"和"激励相容约束"的限制条件下,寻求委托人效用最大化。模型具体内容参见第一章对经济学研究范式的分析。由于存在组织绩效与个体绩效不一致的情况,所以将组织绩效与个体绩效分别罗列。相关内容可见贝克(Baker)关于激励扭曲的相关文献。

(7)组织目标、个体目标

激励定义:所有激励定义表示,激励是组织目标导向个体目标的过程。因为激励过程中激励目标(组织目标、个体目标)起着激励导向的作用,而效用(组织效用、个体效用)是目标达成效果的表示。因此,在要素中纳入组织目标和个体目标。所选要素名称及字母表示,见表2-2。

表2-2　要素及名称

要素	名称	要素	名称
S_1	组织目标	S_9	主导需求
S_2	个体目标	S_{10}	能力素质
S_3	个体努力	S_{11}	公平感知
S_4	个体绩效	S_{12}	风险态度
S_5	组织绩效	S_{13}	环境
S_6	组织奖励	S_{14}	组织效用
S_7	内在奖励	S_{15}	个体效用
S_8	绩效考评		

二、建模过程

1. 要素关系确定

上面我们提炼出了激励理论具有代表性的系统要素,下面我们将要素之间的基本关系根据激励理论研究成果加以定位。将要素之间基本关系及关系建立依据罗列于表2-3。

表2-3　要素关系及选择依据

要素代码	元素关系	选择依据
S_1	组织目标→个体目标	激励定义
S_2	个体目标→个体努力	目标设置理论
S_3	个体努力→个体绩效 个体努力→内在奖励	VIE理论、勒温场动力综合激励模型、迪尔激励综合模型、豪斯激励综合模型
S_4	个人绩效→组织奖励 个人绩效→组织绩效 个体绩效→内在奖励	期望理论、个体绩效影响组织绩效、波特—劳勒模型、迪尔激励综合模型、豪斯激励综合模型
S_5	组织绩效→组织效用	经济学激励理论
S_6	组织奖励→个体效用 组织奖励→组织效用	期望理论、ERG理论 经济学激励理论
S_7	内在奖励→个体效用	迪尔激励综合模型、豪斯激励综合模型
S_8	绩效考评→个人绩效 绩效考评→组织奖励	VIE理论、罗宾斯模型
S_9	主导需求→个体效用	需求层次论、ERG理论
S_{10}	能力素质→个体绩效	坎贝尔公式、期望理论
S_{11}	公平感知→个体效用	公平理论
S_{12}	风险态度→个体效用	委托代理理论
S_{13}	环境→个体绩效	勒温场动力综合激励模型

2. 建立邻接矩阵

研究选择的元素 $S_i, S_j\ (i,j = 1, 2, \cdots, n)$ 的关系,利用式(2-2)

建立上三角关系阵,表达方式见式(2-2)。

$$
\begin{cases}
(1)\, S_i \times S_j,\ 即\ S_i\ 和\ S_j\ 互有关系,即形成回路; \\
(2)\, S_i\ \mathrm{O}\ S_j,\ 即\ S_i\ 和\ S_j\ 均无关系; \\
(3)\, S_i \wedge S_j,\ 即\ S_i\ 和\ S_j\ 有关,S_j\ 和\ S_i\ 无关; \\
(4)\, S_i \vee S_j,\ 即\ S_j\ 和\ S_i\ 有关;S_i\ 和\ S_j\ 无关;
\end{cases}
\tag{2-2}
$$

得到上三角关系阵,见下。

1	2	3	4	5	6	7	8	9	10	11	12	13	14	15	
	∧	O	O	O	O	O	O	O	O	O	O	O	O	O	1
		∧	O	O	O	O	O	O	O	O	O	O	O	O	2
			∧	O	O	∧	O	O	O	O	O	O	O	O	3
				∧	∧	∧	∨	O	∨	O	O	∧	O	O	4
					O	O	O	O	O	O	O	∧	O	O	5
						O	∨	O	O	O	O	O	∧	∧	6
							O	O	O	O	O	O	∧	O	7
								O	O	O	O	O	O	O	8
									O	O	O	O	O	∧	9
										O	O	O	O	O	10
											O	O	O	∧	11
												O	O	∧	12
													O	O	13
														O	14
															15

根据上三角关系阵,写出邻接矩阵 A。在要素选择和建立邻接矩阵之后,我们需要对邻接矩阵进行运算,以获取可达矩阵。

3. 建立可达矩阵

根据邻接矩阵建立可达矩阵。通过将邻接矩阵加上单位阵,经过至多 $n-1$ 次运算后得到可达矩阵 R。可达矩阵的推移特性为：

$$A_1 \neq A_2 \neq \cdots \neq A_{r-1} = A_r, r \leqslant n - 1 \qquad (2-3)$$

式（2-3）中，n 为矩阵阶数，$A_{r-1} = (A + I)^{r-1} = R$。

用计算机进行矩阵运算（注意：由于此处的矩阵乘法运算规律遵循布尔代数运算规则），求得：

$$A_1 \neq A_2 \neq \cdots \neq A_5 = A_6$$

得到可达矩阵 R，$A_5 = A_6 = R$。它表明各节点间经过长度不大于 5 的通路可以达到的程度。

4. 区域划分

区域划分（π_1）。将要素之间的关系分为可达与不可达，并且判断哪些要素是连通的，即把系统分为有关系的几个部分或子部分。

元素 n_i 的可达集表示为：$R(n_i) = \{n_j \in N | m_{ij} = 1\}$；

元素 n_i 的先行集表示为：$A(n_i) = \{n_j \in N | m_{ji} = 1\}$；

共同集合 T 表示为：$T = \{n_i \in N | R(n_i) \cap A(n_i) = A(n_i)\}$；

$R(n_i) \cap R(n_j) \neq \Phi$，否则，它们分别属于两个连通域。

首先通过对先行集和可达集的运算确定底层元素，再判断这些元素的连通性。如果元素的可达集交集为空，则要素属于不同连通域；反之为同一连通域。

求得最底层元素：$T = \{S_1, S_8, S_9, S_{10}, S_{11}, S_{12}, S_{13}\}$。

因为，$R(S_1) \cap R(S_8) = \{S_4, S_5, S_6, S_{14}, S_{15}\} \neq \Phi$，所以，$S_1$、$S_8$ 属于同一个连通域。同理，S_1、S_8、S_9、S_{10}、S_{11}、S_{12}、S_{13} 属于同一个连通域。然后进行级间划分（π_2）。将系统中的所有要素，以可达矩阵为准则划分为不同级（层）次。若 n_i 是最上一级单元，其必须

满足：

$$R(n_i) = R(n_i) \cap A(n_i)$$

$$\pi_k(n) = [L_1, L_2, \cdots, L_k]$$

$$L_k = \{ n_i \in N - L_0 - \cdots - L_k \mid R_{k-1}(n_i) = R_{k-1}(n_i) \cap A_{i-1}(n_i) \}$$

$$R_{j-1}(n_i) = \{ n_j \in N - \cdots - L_{j-1} \mid m_{ij} = 1 \}$$

$$A_{j-1}(n_i) = \{ n_j \in N - \cdots - L_{j-1} \mid m_{ji} = 1 \}$$

依次求得不同层元素：

最底层：$T = \{ S_1, S_8, S_9, S_{10}, S_{11}, S_{12}, S_{13} \}$

第一层：$L_1 = \{ S_{14}, S_{15} \}$

第二层：$L_2 = \{ S_5, S_6, S_7 \}$

第三层：$L_3 = \{ S_4 \}$

第四层：$L_4 = \{ S_3 \}$

第五层：$L_5 = \{ S_2 \}$

5. 绘制递阶有向图

利用以上信息，绘制激励系统分级递阶结构模型，见图2-6。从图中可知，图形共分为六层，最底层要素在图的左端，共计7个；图中的两条主链为：

$$S_1 \rightarrow S_2 \rightarrow S_3 \rightarrow S_4 \rightarrow S_5 \rightarrow S_{15}$$

$$S_1 \rightarrow S_2 \rightarrow S_3 \rightarrow S_4 \rightarrow S_6 \rightarrow S_{14}$$

两个要素聚集点为S_4、S_{15}（个体绩效、个体效用），这两个要素的影响因素最多。

三、建模结果

根据系统分级递阶结构模型构建解释结构模型，简称系统激

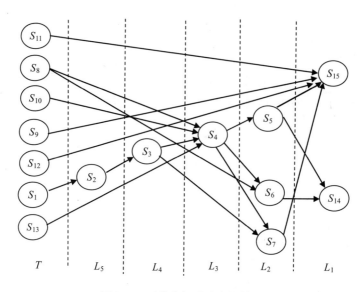

图 2-6　系统分级递阶结构模型

励 ISM 模型,见图 2-7。系统激励 ISM 模型是拓展激励系统的结构模型。考虑到激励过程中目标具有的反馈机制,添加了两条反馈线(虚线),即从个体效用到个体目标,从组织效用到组织目标。

系统激励解释结构模型实现了以下几个目标:

(1)弥补了管理学激励综合模型主体缺失的不足,为拓展激励系统建立了它的模型。

在第一章中,本书对管理学激励综合模型进行了分析,确认了其存在主体缺失的不足。系统激励 ISM 模型将经济学激励研究引入模型中,弥补了管理学激励综合模型缺失的主体——组织,同时也完善了两个领域激励的子系统,为拓展激励系统建立了它的模型。

(2)从系统角度实现了管理学、经济学激励理论的结合,提升了理论的解释力。

从系统来看,两个领域的研究都存在一定的局限性。系统激

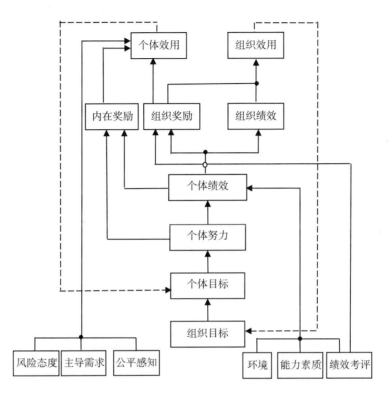

图 2-7　系统激励解释结构模型

励 ISM 模型实现了管理学、经济学激励系统的结合,弥补了两个领域激励研究的局限性。模型涵盖了管理学、经济学激励研究的关键要素,并根据激励理论的研究成果对要素关系进行了确定,实现了管理学、经济学激励理论在相同的研究范畴和研究假设下的系统结合。

两个领域的研究在结合以后提升了经济学对激励问题的权变解释能力。当契约给予的组织奖励不符合主导需求时,激励对个体的作用会失效。经济学以理性人假设为基础,讨论激励问题,可能因为经济性激励的无效而徒劳。因此,将个体激励系统与组织激励系统结合起来考虑方可更全面地审视激励,避免无效激励。

个体绩效影响要素团阐述了个体业绩的影响要素,增加了模型对问题的解释能力;个体效用影响要素团充分考虑了个体偏好,能更为准确地衡量个体效用。

(3)模型具有良好的层次关系,非常直观地阐述了不同要素与其他要素间接或直接关系。应该指出:结构模型的建立不是凭主观判断得到的,而是通过模型技术来找出系统要素间的客观关系。

第四节　模型说明

利用解释结构模型法进行建模保证了模型具有清晰的结构,要素和要素之间的直接关系与间接关系一目了然。以下从模型结构、子系统,系统时滞等方面对系统激励 ISM 模型进行诠释。

一、模型结构

系统激励 ISM 模型共分为六层。第一层(最高一层)是"目标达成层",要素为"组织效用"和"个体效用"。激励的目的是实现个体目标和组织目标。目标实现的情况由两者的效用来表现,即判断激励有效性的指标也是根据两者对目标达成的满意度来确定的。

第二层是"效用测度层"。无论个体还是组织,两者的激励效用都无直接的测度方式。组织效用可用组织绩效与组织奖励两个指标综合测度;个体效用可用组织奖励和内在奖励两个指标综合测度。内在奖励来源于工作本身和过程,非外界的物质、经济奖励可给予员工的满足,也称内激励。内在奖励难以测度,属于管理心理学和行为学的研究范畴。内在奖励所需要组织成本较少,因此,在对个体效用的测度中经常被省略。

第三层是"个体绩效层"。个体绩效指标是激励研究的重点。系统激励 ISM 模型将第三层个体绩效与第二层组织绩效分割开来,为激励设计者提供了区别个体绩效与组织绩效的思路。

第四层是"个体努力层"。个体努力因素属于承上启下的重要因素。首先,个体努力是提升个体绩效的直接因素。假设各种客观条件已具备,只考虑主观条件并筛选出其中的关键因素,即能力和激励,则有:绩效＝能力×激励。其次,个体努力的方向和程度是个体目标导向的结果。个体为了实现个体目标调整自身的努力方向、程度,以最佳方式实现自身目标。最后,个体努力是个体感受内在奖励的途径,通过自身努力工作的过程,在过程中获得内在满意。

第五层是"个体目标层",是连接组织和个体的关键纽带。在这一层中,我们注意到个体目标是组织目标导向的产物。怎样把组织目标和对象需求相结合,并由此制定出对象需要达成的目标成为关键性问题。美国拉西姆和洛克的"目标设置理论",实证了目标管理在激励过程中确实可以起到很好的激励效果。

组织中的个体目标与个体不受组织范畴限制下的个体目标有一定差异。一方面,个体也不可能将自己所有目标的达成寄希望于组织;另一方面,个体目标在组织中受到组织目标限制,并非规模大的组织、知名的组织就一定具备对人力资源的绝对吸引力。发展中组织专业化分工的不细致可以给员工带来更多自主工作的机会,也会给员工带来极大的激励作用。

第六层是"组织目标层与影响要素层"。从"组织目标"开始的激励系统,会在运行的流程中,重视组织不同发展时期的需求,重视以组织目标导向个体目标。由于,组织目标与个体目标在激励研究中非一致性的假设,促使激励研究的起点定位在组织目标对个体目标的导向上。

组织激励的首要目标是同化个体目标,使个体将自身的发展和组织的发展一起看待。一项优秀的激励策略,其出发点应该是促使个体与组织行为的一致性,而不是为了某些显性的数量考核指标,而放弃一些重要的隐性质量指标。避免激励扭曲是激励设计者必须考虑的问题。

在该层中,我们还看到了两个要素团(见图2-8):个体效用影响要素团、个体绩效影响要素团。个体效用影响要素团包括风险态度、主导需求、公平感知①。经济学激励对"公平感知"的认识停留在外在公平基础上,未从"内在公平"(如奖酬结构)等角度进行分析。管理学在薪酬激励研究中对"内""外"公平性的讨论成为薪酬激励设计的必要检验。主导需求是管理学激励理论的精髓,弥补了经济学对个体研究的不足。不满足"主导需求"的激励机制是无效的激励,不会对员工产生良好的激励效果。"风险态度"是经济学激励研究中的讨论重点,该因素弥补了管理学激励理论对员工风险偏好讨论的不足。个体效用影响要素团提示了管理者在研究个体效用时需要考虑的相关因素。

个体绩效影响要素团包括能力、绩效考评、环境。能力要素是个体自身对个体绩效的影响;绩效考评是组织制度对个体绩效的

---

① 其中,风险态度要素来源于经济学研究;主导需求、公平感知要素来源于管理学研究。

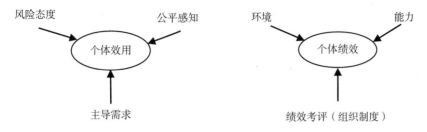

图 2-8 个体效用(绩效)影响要素

影响;环境要素是组织外部对个体绩效的影响。个体绩效影响要素团提示了管理人员在激励员工提高个体绩效时必须重视的相关因素。

二、子系统

从图 2-9 可以看到两个子系统,即组织激励子系统与个体激励子系统。

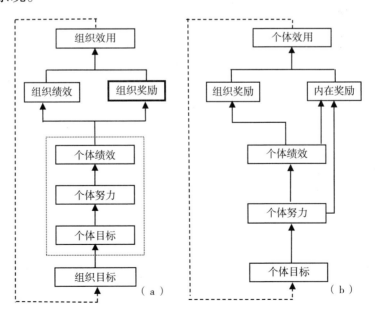

图 2-9 组织激励子系统、个体激励子系统

组织激励子系统流程为：组织目标→个体目标→个体努力→个体绩效→组织绩效/组织奖励→组织效用→组织目标，如图2-9(a)所示。

个体激励子系统流程为：个体目标→个体努力→个体绩效→组织奖励/内在奖励→个体效用→个体目标，如图2-9(b)所示。

这两个子系统对激励有效性分析同样重要。组织激励子系统更注重资源分配的有效性；个体激励子系统则偏向于激励对个体的效用，促进个体目标在多大程度上得以实现。两个子系统中的共同要素为个体目标、个体努力、个体绩效和组织奖励。由此，长期以来这两个激励子系统共同研究的重点在这四个因素上。

根据系统激励 ISM 模型，作出系统激励模型环路图，见图2-10。图2-10中存在两个增强环路。第一个是虚线环路，为组织目标→个体目标→组织效用(组织目标达成)→组织目标，以组织为主导，称为"组织环"。第二个是实线环路，为个体目标→个体效用(个体目标达成)→个体目标，以激励对象(个体)为主导，称为"对象环"。

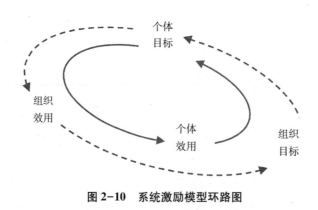

图2-10　系统激励模型环路图

需要注意的是，组织是以其实现自己的目标为导向的；组织对个体目标的导向既影响个体效用,也影响组织效用;个体效用的达成情况影响个体对目标的认识,组织效用的达成情况影响组织目标的确定;两个环路的公共点为个体目标,因此,激励中组织对个体的管理控制体现在对个体目标的导向上。对个体需求的关心、对合同契约的关注、对绩效考核系统的投入,都是围绕对个体目标的确定和检查展开的。

三、系统时滞

激励系统是一个具有滞后特性的动态系统。由于信息和物质传递需要有一定的时间,于是就带来了原因和结果、输入和输出、发送和接受等之间的滞后。时滞(time delay)是造成社会系统非线性①的一个根本原因。

激励系统中的时滞是客观存在的,因为从输入到输出之间总存在一定的时间滞延。在系统激励 ISM 模型中,我们将激励系统存在的时滞按子系统分为两类:一是个体激励系统时滞;二是组织激励系统时滞,见图 2-11。

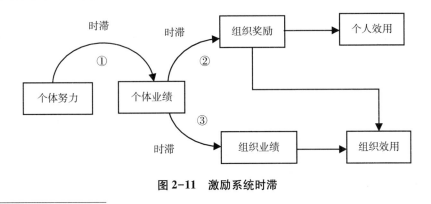

图 2-11 激励系统时滞

---

① 非线性指社会现象中原因和结果所呈现的极端非线性关系,如原因和结果在时间或空间上的分离性,以及难以直接观察等。

　　个体系统存在的时滞有:个体业绩达成时滞(个体努力→个体业绩),见图中"①";奖励调整时滞(个体业绩→组织奖励),见图中"②"。组织系统存在的时滞有:组织业绩达成时滞(个体业绩→组织业绩),见图中"③"。

　　时滞"①"(即个体业绩达成时滞)指个体努力到个体业绩达成之间存在时间滞后,即个体当期努力并不会马上表现在当期个体业绩中。个体业绩达成时滞在组织中普遍存在,时滞的大小与工作任务相关。对于实行计件制的工人而言,努力与绩效之间的时滞相对较小,不容易带来长时间等待。对于保险销售人员而言,其销售前期与客户信任感的建立过程需要一段较长的时间,努力和业绩的时滞有时长达一年或者更长。

　　时滞"②"(即组织奖励调整时滞)指组织根据个体业绩状况给予个体奖励,从个体业绩到组织奖励调整存在时间滞延。奖励调整时滞的长短与组织考核和奖励方法有直接关系。

　　学界对激励时间的观点为,延迟的激励使激励部分失效,应当尽可能地使用即时激励,以减弱延迟激励带来的失效。该观点少见论证。本书认为该观点有进一步讨论的必要。一是延迟的激励是如何产生的? 二是时滞对激励带来何种影响? 对以上两个问题的解释是科学决策激励方法、措施、机制的依据。

　　从图 2-11 可见,系统中导致个体激励延迟的是两个时滞,即个体业绩达成时滞和组织奖励调整时滞。时滞问题是"①"和"②"共同作用的综合结果,即与个体工作任务和组织考评奖酬体系有关系。所以,对个体激励的时滞研究应该权衡考虑这两个方面。本书将在第六章讨论这两种时滞与组织激励效用、个体激励效用的关系。

时滞"③"(即组织业绩达成时滞)指组织观察到个体机会主义行为的时间,即代理人行为对企业业绩的影响通常需要经过一定的时间后才能显现出来,个体机会主义行为对组织业绩(价值)损害的过程存在时间滞延。

组织业绩达成时滞的大小与个体业绩表现出来的对组织业绩的利或弊的时间长短有关,即个体产生机会主义行为被发现的时间长短。对个体业绩的考核一方面通过工作实现的量来体现,另一方面通过工作实现的质来体现。在管理中,重视对工作量的考核容易忽视对质的监督。个体业绩中短期内与组织业绩吻合的工作量,在后期容易爆发严重的损害组织业绩(价值)的问题。

贝克(Baker)认为,激励设计问题的核心就是解决风险和激励扭曲之间的交替关系,选择不同的业绩衡量指标造成的激励扭曲主要源于两个方面:一是业绩衡量指标的时限问题;二是业绩衡量指标的范围问题。他认为,业绩衡量指标的时限大,个体风险大,激励扭曲小;业绩衡量指标的时限小,个体风险小,激励扭曲大。由于贝克未对该观点进行范式研究分析和实证检验,因此本书将在第六章就贝克的观点进行实证研究。另外,当我们把两个系统结合起来看时,系统时滞问题就更为广泛。本书将对这三种时滞进行综合考虑,研究系统时滞对激励效用的关系。

第五节　模型思考

一、模型分析结论

对系统激励 ISM 模型进行分析思考,可得出以下 3 个结论:

1. 激励有效性体现在组织和个体目标的共同实现

之前,管理学对激励的研究是以人为出发点的,将个体绩效的实现和工作满意感作为有效激励的衡量指标。此后,管理学者通过大量实证得到了满意感与工作绩效无直接关系的结论,但是,学者们仍旧习惯性地沿用满意感来衡量激励的有效性。这种对激励有效性的理解忽视了组织作为激励的发起者、作为激励结果要求者的需求。由于,个体绩效与组织绩效存在不一致性,个体绩效指标的提高未必意味着组织绩效的提升。同时,激励的设计者必须考虑组织资源的有限性。在某些情况下,激励所带来的收益未必高于激励所付出的成本,无为胜过有为。所以,从系统角度来看,激励有效性的评价必须建立在个体和组织双方目标共同实现的基础上。

2. 组织(委托人)身份决定了对个体(代理人)的选择、监督方式

在激励机制的设计和检查过程中,我们首先需要考虑是谁承担着委托人身份。不同的委托人有着不同的需求,其对代理人的选拔、监督方式也不同。在完全竞争市场中,委托人对经理人既采取了"用脚投票"的隐性方法,又采取了"用手投票"的显性方法。委托人对经理人的监督则大量采用了市场中反馈回来的信息,完全竞争市场是委托代理理论应用的基础。

管理学中的激励研究往往忽视了对代理人的选拔问题。其实当一个好的激励机制得不到好的效果的时候,我们首先应该想到的是人员选拔的问题。经济学中对代理人的激励机制主要考虑了代理人的参与约束（进入门槛）、激励相容约束（防止代理人出现逆向选择问题），然后在此约束条件下，追求委托人效用最大化。其更注重的是现有资源的优化问题，不重视对资源的选择。

3. 代理人目标是委托人目标和代理人需求的优化组合

从目标设置论的角度来看，良好的目标设置需要在委托人目标和代理人需求中找到最好组合。代理人需求的满足，会对委托人利益带来损害，也得不到委托人的支持。好的激励机制、方案，都应该同时考虑这两个参与者的要求，达到双赢。

二、实际问题分析

我们对保险诚信危机进行分析，寻找这种危机产生的根本原因，检查模型对实际问题的分析能力。

从系统激励模型来看，诚信危机揭示了保险公司激励策略对个体目标的无为过失导向和有为错误导向，主要体现在两个方面。

其一，无为导向过失。新保单为新员工主要收入或唯一收入，公司不舍利，对员工无法导向。从保险业的实际运作来看，一线业务员平均脱落率在80%左右，也就是保险业务员当中绝大多数会面临被迫出局的最终结果。据不完全统计，国内曾经做过保险后又离开的人数高达500多万人。统观各家保险对进入公司新人的薪酬激励方案，在提升新人留存率上都存在大量问题。相关研究表明，营销人员的培养时间在半年以上，因此，在前六个月中对新人更多的应该是营销技能的培训。但是，保险公司为了节约公司的成本，团队管理人员为了快速从新人那里获取业绩，往往采取

"拔苗助长"的方式,在新人技能培训时期大力鼓励新人出单。由于薪酬的主要来源是新保单,新人在经济的压力下不得不将技能学习转向于拼搏做单。在能力自卑、经济压力、做单失败等影响下,新人在三个月内离开公司的现象不足为奇。从系统角度来看,人员的大量流失导致保单服务的滞后,行业口碑低,最后导致了诚信危机的爆发。

其二,有为导向错误。给予新保单首年度高额提成率,促使保险人员将个体目标定位在高利润的新保单销售上。同时,业绩考核只能考核销售的量,无法考核销售的质。营销团队管理员为了完成公司下达的任务,个体为了实现保级、晋升或达成各个阶段的激励方案,将目标的重点定位在保单的量上,对于保单的质却毫不关心,导致个体目标和组织目标的脱节。

以上两种问题导致了保险业务员目标与组织目标的不一致,最终也导致了严重的激励扭曲问题。

本章的主要目的是从系统角度将管理学激励研究、经济学激励研究进行结合,构建系统激励解释结构模型(系统激励 ISM 模型),应用结构模型来描述激励系统要素与要素之间的关系。

首先,本章对管理学"个体激励系统"和经济学"组织激励系统"进行了分析,指出两者存在的系统局限性,寻找到两个系统共同的要素,并通过该要素将两个系统连接起来,集成两个系统,以拓展激励系统。

其次,本章利用解释结构模型构建了系统激励 ISM 模型。系统激励 ISM 模型包括管理学激励研究和经济学激励研究要素,将经济学激励分析的思路引入到模型中,弥补了管理学激励综合模型主体缺失的不足。模型既强调激励对个体需求、动机的关心,也注重交易性质和过程,从系统角度对这两个领域的激励研究进行了有效结合。在建模部分,本章就建模技术的选择、模型要素的选取、要素关系确定、邻接矩阵和可达矩阵建立等建模步骤都给予了详细阐述。

最后,本章从模型结构、子系统、系统时滞、模型思考四个方面对模型进行了说明。系统激励 ISM 模型有着清晰的层次关系,共分为六层,存在两个子系统,即"个体激励子系统"和"组织激励子系统"。根据系统激励 ISM 模型,我们将激励系统存在的时滞进行了分类,即个体激励系统时滞和组织激励系统时滞,分别对两类系统时滞进行了阐述,为此后建立系统激励动力学模型研究打下了基础。

第三章　基于薪酬的系统激励量化模型

　　薪酬激励是管理学激励研究、经济学激励研究的焦点,薪酬管理是企业人力资源管理的核心内容。组织根据员工及自身的情况,合理有效地设计薪酬,不但能有效激发员工的积极性与主动性,促进员工努力实现组织目标,提高组织效益,而且能在人才竞争日益激烈的知识经济下吸引和保留住一支素质良好且有竞争力的员工队伍。在文献综述中,本书指出当前对薪酬强度的研究集中于特殊群体——经理人,而对组织内部一般员工的研究尚须深入。由于概念模型主要用于要素及要素关系的定性分析,难以掌握要素之间的量化关系。所以,本章将针对一般员工,在薪酬激励研究范畴中,以系统激励 ISM 模型为基础,以激励强度问题为导向,建立系统激励量化模型,将其用于激励强度与组织激励效用、个体激励效用关系的数理分析和实证研究。

　　在激励强度与效用关系模型建立过程中,有了激励强度与个体业绩的量化关系后,若能建立个体业绩与组织业绩的量化关系,则可建立起激励强度与组织业绩的关系。但是,在组织激励子系统中个体业绩与组织业绩之间很难找到直接的量化方式。通过对投入产出技术特点的分析,本书确定采用该技术,利用中间变量解决个体业绩与组织业绩之间的量化问题。本书将对建模的具体过程进行阐述。

第一节　激励强度与效用关系

薪酬指"员工作为雇佣关系中的一方所得到的各种货币收入,以及各种具体的服务和福利之和"①。它既包括货币收益,还包括晋升机会、发展机会、心理收入、生活质量、私人因素等非货币收益。本书将分析范畴界定在经济类报酬,对经济类与非经济类报酬部分的综合研究,将作为本书未来的研究方向。同时,本书将经济类报酬分为固定薪酬和变动薪酬两个部分。固定薪酬指薪酬中与业绩无关的收入部分,反映的是员工工作或技能价值,是员工基本薪酬和福利津贴的总和。变动薪酬和员工业绩直接挂钩,也称为激励工资②。

本书对个体效用的量化分析着重在薪酬指标上,不细化分析个体效用影响要素对个体效用的作用,未来的研究将考虑如何量化三种要素对个体效用的影响。同时,本书不考虑环境、组织绩效考评制度对个体绩效的影响作用,将此作为未来研究的发展方向。

基于以上设定,本章从系统激励 ISM 模型中提炼出模型简图。该简图强调了组织进行薪酬管理的过程,部分要素名称做了

---

① 〔美〕乔治・T.米尔科维奇、杰里・M.纽曼:《薪酬管理》,董克用等译,中国人民大学出版社 2002 年版,第 5 页。

② 〔美〕乔治・T.米尔科维奇、杰里・M.纽曼:《薪酬管理》,董克用等译,中国人民大学出版社 2002 年版,第 7 页。

适当调整,如"组织奖励"在薪酬管理这个问题上,改为"组织薪酬","个体绩效"用"个体业绩"替代(见图3-1)。本章将研究简图中各结构要素之间的量化关系,建立系统激励量化模型。由于重点关注薪酬激励,因而建立的是基于薪酬的系统激励量化模型。图3-1显示了激励效用分析的两条路线。

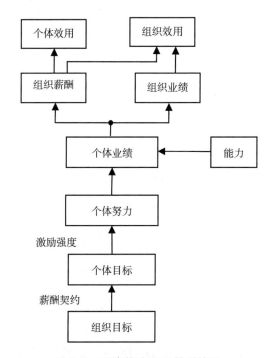

图3-1 系统激励 ISM 模型简图

路线一:组织通过薪酬契约导向个体目标,激励强度改变了员工的努力程度,继而影响了员工的个体业绩,组织根据个体业绩付酬,员工获得薪酬达成个体效用。

路线二:组织通过薪酬契约导向个体目标,激励强度改变了员工的努力程度,继而影响了员工的个体业绩,个体业绩变化带来了组织业绩的改变,组织业绩和组织薪酬决定了组织的效用。由此,对激励强度与效用关系的分析应从激励强度与个体效用、激励强度与组织效用两个方面进行，即对激励有效性双角度的讨论。

一、激励强度与个体效用

研究假设一：个体是理性的。

研究假设一设定了个体对信息的理性分析。个体可根据信息，包括激励契约（方案）、自身能力、环境条件等，预测在一定努力水平下，自身能力可及和愿意达成的目标、业绩，确保个体效用最大化，即个体不会盲目地为自己设定一个高不可攀的目标。

就个体努力与边际成本的关系，研究者进行过一些假设或实证。通常委托代理理论中的研究假设为 $c' > 0, c'' > 0$（成本对努力求导），即随着努力增加，员工边际成本增加，且增加速度会越来越快。平新乔等（2003）[①]认为，企业工人努力的边际成本曲线其形状下凸，而且非常陡峭。这个结论与委托代理理论中的研究假设是吻合的，即随着努力增大，员工需要付出的成本增加，且增幅会越来越大。由此，员工不会随激励强度增大而不断选择更大的努力程度以达到更高期望的业绩。当业绩达成需要员工付出很大成本时，员工会根据效用抉择怎样的业绩作为自己的期望目标。

1. 三个关系的分析

第二章为拓展激励系统建立了它的模型：系统激励 ISM 模型，这是在它的子系统，即个体激励子系统［见图 2-9(b)］基础上研究激励强度与个体效用的关系。为明确被讨论问题所在的章

---

① 平新乔、范瑛、郝朝艳:《中国国有企业代理成本的实证分析》,《经济研究》2003 年第 11 期。

节,改称图 2-9(b)为图 3-2。由于内在奖励与具体工作任务、个体从工作任务中感知的效用相关,对应经济成本较少,本书不对内在奖励对个体的效用进行量化研究,但在未来研究中将综合考虑其与组织薪酬对个体效用的影响。

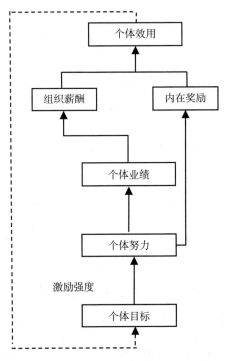

图 3-2　系统激励—ISM 模型的个体激励子系统

据图 3-2 可知,量化研究激励强度与个体效用的关系,需要逐步量化激励强度与个体业绩、个体业绩与组织薪酬、组织薪酬与个体效用的关系。因此,建立激励强度与个体业绩的函数关系、个体业绩与组织薪酬的函数关系、组织薪酬与个体效用的函数关系、是量化研究激励强度与个体激励效用的基础。本节将讨论三个关系的量化方法,进行模型设计。

（1）激励强度与个体业绩

首先,讨论有效激励强度。当前,大多数研究者对激励强度与个体业绩的认识沿用了生物学相关观点。在生物学中,给予生物以刺激,在一定条件下,生物会对其产生应激性。但是,这个刺激一定要在一定强度范围内,小于一定强度,肌体不会产生反应(存在差异阈限);大于一定强度,肌体同样不会产生反应(强度超过肌体反应能力)。而在有效的强度范围内,生物体的应激反应程度是随着刺激强度的增大而增大的。

本书沿用生物学中对有效激励强度范围的定义。有效激励强度指随激励强度的增加,满足个体业绩单调递增条件的激励强度范围。

从个体角度来看,在有效激励强度范围内,个体选择的"可达成业绩"随激励强度增大而增大。在无效激励强度范围内,个体要么无法感知激励,要么感知激励却因为努力需要付出太大的成本或自身能力等原因不采取更大的努力以提升自身业绩。无效激励强度范围是组织薪酬设计应该避免的,以免带来激励不足或激励过剩。

其次,讨论激励强度与个体业绩。组织掌控薪酬激励强度影响个体努力是通过薪酬契约来实现的。因此,研究薪酬激励强度对个体业绩的影响即是研究个体在不同激励强度的契约下,对自身"可达成业绩"的选择变化。由于,激励强度与个体产出的关系与具体企业、部门和个体相关,通过行业数据分析得到的激励强度与部门产出关系不能用于具体企业。在具体企业中采用问卷调查方式,能够较为准确地掌握激励强度与个体产出的关系。因此,本书采取问卷调查方式,获取所研究部门的个体对激励强度信息的反馈。

给出不同激励强度下的薪酬契约,由部门个体自我选择在不同契约下的可达成业绩。根据调查信息得到不同激励强度下的部门个体[①]总业绩,确定出部门个体的有效激励强度范围。因为调查是以部门整体为研究单位,而非单一个体,所以后续分析得到的激励强度与组织激励效用、个体激励效用的关系才更具有部门薪酬激励政策制定的参考价值。

（2）个体业绩与组织薪酬

由于薪酬契约确定了个体业绩所对应的组织薪酬,在激励强度固定时,组织薪酬与个体业绩成正比。在一定的薪酬契约下,可通过调查,预测在不同的激励强度方案下,部门个体可达成的业绩情况,继而可通过薪酬函数计算出组织在该激励强度下的薪酬支付情况,见图3-3。

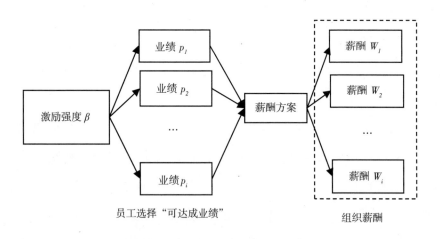

图3-3　激励强度与组织薪酬关系

---

① 本书从部门角度对某类代理人进行激励强度量化分析的时候,涉及的不是单一的个体,而是以部门划分的一个群体。

首先,组织选择激励强度 β ,并发出薪酬策略信息,该信息包括个体固定薪酬以及该激励强度下的个体变动薪酬信息。个体根据自身能力及薪酬信息,决策可达成业绩 $[p_1,p_2,\cdots,p_i]$;组织依据个体业绩分布信息和薪酬方案计算该方案下的给付薪酬 $[W_1,W_2,\cdots,W_i]$ 。因为,薪酬激励强度方案与个体业绩分布之间存在确定的函数关系,所以可将激励强度与个体业绩、个体业绩与组织薪酬的研究联系起来。

(3)组织薪酬与个体效用

如何衡量个体效用是研究的重点。当前,研究者对激励效用的测度角度和方法并不一致,后面将通过对激励效用测度理论各流派的分析,讨论对本书更为恰当的个体效用测度方法,并在此基础上建立组织薪酬与个体效用的量化关系。

2. 变量设置

为建立激励强度与组织薪酬之间的量化关系,对数据做以下处理。对个体业绩表现 P 采用李克特五分量表方式,将程度"非常高、比较高、一般、比较低、非常低"分为5个等级。

(1)变量假设及计算公式

首先,薪酬设计者根据组织情况设计出在不同激励强度下, j 部门个体不同业绩表现应获取的激励薪酬①;其次,该类型个体根据组织提供的激励方案和自身能力,选择不同激励方案下自身的"可达成业绩"。"可达成业绩"选择范围为部门业绩分类对应值 P_j^k ($k=1,2,\cdots,5$)。对于可以直接测定业绩的部门个体(销售、生

---

① 固定薪酬为基础信息(符合国家薪酬法规及员工参与约束)。

产），可以将实际工作业绩的最大与最小值作为值域①。变量假设如下：

β_j——j部门激励强度，β_j指相应于单位产出的变动薪酬。

p_j^k——j部门业绩分类对应值，$p_j^k \in A_j, k = 1, 2, \cdots, 5$，$A_j$为$j$部门业绩分类集合，$A_j = \{p_j^1, p_j^2, p_j^3, p_j^4, p_j^5\}$，采用五点量表方式对业绩进行分类，$p_j^k$为业绩区间中值；

P_j——j部门员工在β_j下的总业绩；

m_j——j部门员工总人数；

m_j^k——j部门员工在β_j激励强度下，第k种业绩表现的人数；

$w_j^{p(k)}$——j部门激励强度β_j下，第k种业绩表现对应变动薪酬；

w_j^s——j部门员工平均固定薪酬，本书约定固定薪酬为常值；

W_j^p——j部门员工变动薪酬总值；

W_j^s——j部门员工固定薪酬总值；

W_j——j部门员工薪酬总值。

假设j部门员工最低业绩为a，最高业绩为b，在β_j的强度下的业绩分布见表3-1。

表3-1 j部门业绩分类

业绩区间	业绩	人数	变动薪酬
$[a, a + (b - a)/5)$	p_j^1	m_j^1	$w_j^{p(1)}$
$[a + (b - a)/5, a + 2(b - a)/5)$	p_j^2	m_j^2	$w_j^{p(2)}$
$[a + 2(b - a)/5, a + 3(b - a)/5)$	p_j^3	m_j^3	$w_j^{p(3)}$

---

① 对于不能以具体量化指标来表示业绩的个体，则以绩效考核等级作为评判标准，并根据一定条件的约束，确定每个等级的业绩基数。

续表

业绩区间	业绩	人数	变动薪酬
$[a + 3(b - a)/5, a + 4(b - a)/5)$	p_j^4	m_j^4	$w_j^{p(4)}$
$[a + 4(b - a)/5, b]$	p_j^5	m_j^5	$w_j^{p(5)}$

根据变量假设有：$\sum_{k=1}^{5} m_j^k = m_j$ ，$w_j^{p(k)} = \beta_j p_j^k$ ，$P_j = \sum_{k=1}^{5} p_j^k m_j^k$

变动薪酬总值表示为：

$$W_j^p = \beta_j P_j = \beta_j \sum_{k=1}^{5} p_j^k m_j^k = \sum_{k=1}^{5} m_j^k w_j^{p(k)}$$

部门员工固定薪酬总值表示为：$W_j^s = m_j w_j^s$

部门员工薪酬总值表示为：

$$W_j = W_j^s + W_j^p = m_j w_j^s + \beta_j \sum_{k=1}^{5} p_j^k m_j^k = m_j w_j^s + \sum_{k=1}^{5} m_j^k w_j^{p(k)}$$

（2）有效激励强度

假设 j 部门有 n 个个体，个体在激励强度 β_j 下，选择愿意达成的最大业绩分别为 $p_1, p_2, \cdots, p_n$ ，$\sum_{i=1}^{n} p_i$ 表示 β_j 下部门个体总业绩。若每个个体在 $[0,1]$ 激励强度下可达到个体业绩选择的最大值，则存在某一激励强度 $\underline{\beta_j} \in [0,1]$ ，$\overline{\beta_j} \in [0,1]$，当激励强度 $\beta \in [\underline{\beta_j}, \overline{\beta_j}]$ 时，个体业绩单调递增，即随激励强度增加部门个体总业绩增加。其中，$\underline{\beta_j}$ 为有效激励强度的下限值，当 $\beta_j \leqslant \underline{\beta_j}$ 时，随激励强度增加，部门个体总业绩不变化，即个体对低激励强度无感应；$\overline{\beta_j}$ 为有效激励强度的上限值，当 $\beta_j \geqslant \overline{\beta_j}$ 时，随激励强度增加，部门个体总业绩不提升。

利用"薪酬方案与业绩表现调查表"可掌握不同激励强度下

该部门个体"可达成业绩",继而确定组织薪酬。假设调查数据显示激励强度为 $\overline{\beta_j}$ 时, j 部门总业绩达到最大值,则组织根据该信息决定支付的变动薪酬为:

$$W_j^p = \begin{cases} 0 \times P_j, 0 \le \beta_j < \underline{\beta_j} \\ \beta_j \times P_j, \underline{\beta_j} \le \beta_j < \overline{\beta_j} \\ \overline{\beta_j} \times P_j, \overline{\beta_j} \le \beta_j \le 1 \end{cases} \qquad (3-1)$$

式(3-1)中, W_j^p 表示组织所付变动薪酬; β_j 为激励强度; P_j 为该部门个体在 β_j 下的总业绩。若组织是理性的,当激励强度小于 $\underline{\beta_j}$ 时,部门个体业绩不变化,组织不应给予个体变动薪酬;当激励强度大于 $\overline{\beta_j}$ 时,个体业绩分布不再变化(或增或减)时,组织应限定最高激励强度为 $\overline{\beta_j}$,即有效激励强度范围为 $[\underline{\beta_j}, \overline{\beta_j}]$ 。因为问卷调查只能得到离散数据,所以可通过数据拟合将离散分布函数连续化,以求得连续的激励强度下对应的个体业绩及薪酬。

二、激励强度与组织效用

第二章为拓展激励系统建立了系统激励 ISM 模型,这里在它的子系统,即组织激励子系统[见图 2-9(a)]基础上研究激励强度与组织效用的关系。为明确被讨论问题所在的章节,改称图 2-9(a)为图 3-4。针对薪酬管理问题,部分要素名称作适当调整。

由图 3-4 可知,组织发出激励强度信号(薪酬激励方案);激励强度信号影响个体努力程度,影响个体业绩;个体业绩影响组织业绩;组织根据激励强度与业绩情况获取激励强度与薪酬支付的

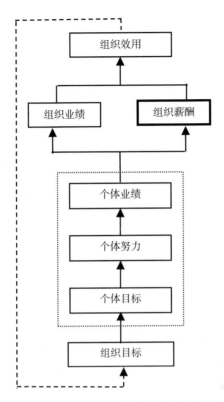

图 3-4　系统激励—ISM 模型的组织激励子系统

关系;组织由组织业绩和薪酬付酬情况确定组织效用。

　　据图 3-4 还可知,量化研究激励强度与组织效用的关系,需要逐步量化激励强度与个体业绩、个体业绩与组织薪酬、个体业绩与组织业绩,组织业绩、组织薪酬与组织效用的关系。因此,建立激励强度与个体业绩的函数关系,个体业绩与组织薪酬的函数关系,个体业绩与组织业绩的函数关系,组织业绩、组织薪酬与组织效用的函数关系,是量化研究激励强度与组织效用的基础。

　　在薪酬激励强度与组织效用的关系分析中,已经建立了激励强度与个体业绩的量化关系。若能建立个体业绩与组织业绩的量化关系,则可建立起激励强度与组织业绩的关系。但是,在组织激励子系统中个体业绩与组织业绩之间很难找到直接的量化方式。

理论上可采纳的方法是,对历年部门个体总业绩与组织业绩进行回归,寻求出部门个体总业绩与组织业绩的关系。这种方法的缺陷在于,若统计年限中存在较大的技术变革,将导致回归系数不准确。同时,组织业绩与部门个体总业绩的关系还受到组织结构的限制。例如,产品部门不断扩大生产,但销售部门难以及时将产品销售出去,造成产品积压,组织业绩未因产品部门业绩的提升而提升,而受限于销售部门。因此,部门个体总业绩不能简单作为组织业绩的解释变量,个体业绩与组织业绩的关系必须考虑个体所处部门与组织的其他部门的经济技术联系。

个体业绩与组织业绩之间的关系无直接方法量化,我们可考虑通过中间变量建立两者之间的联系。前面我们已经讨论过了激励强度与组织薪酬的函数关系,若能建立组织薪酬与组织业绩之间的量化关系,则可通过中间变量组织薪酬建立个体业绩与组织业绩的量化关系。量化组织薪酬与组织业绩的关系难度较大,下一节将选择适当的函数用于建模。

最后,在量化过程中组织薪酬/组织业绩与组织效用的函数关系相对简单,可综合组织薪酬或组织业绩数据选取适当指标计算组织效用。当前对组织效用的衡量指标较多,后面的分析中将选择适当的指标用于组织效用的量化表示。

第二节 基于薪酬的投入产出模型

前面本书对系统激励 ISM 模型中的"激励强度→个体业绩→

组织薪酬"路线进行了思考,在一定的研究假设和变量设置下,确定了激励强度与组织薪酬的量化方法。本节根据需要建立组织薪酬与组织业绩的函数关系,并对模型进行讨论。

拉泽尔认为,当个人的报酬基于其产出(个人业绩)时,他们受到的激励就会与企业的产出(组织业绩)结合在一起。下文使用组织总产出表示组织业绩。激励强度信息影响了个体业绩,自然就改变了组织产出。由于组织薪酬(员工薪酬)与组织业绩之间的关系为投入和产出之间的关系,所以本节从生产函数这个角度去寻求合适的函数建模。

因为,激励强度的讨论与具体组织、部门和员工相关,所以本节对组织薪酬的分析将细化到部门,即讨论部门员工薪酬投入与组织总产出的关系。要求选择的函数可以从部门角度表示出部门薪酬投入和组织产出之间的关系,考虑组织所具有的结构特点。常用的生产函数,如多项式生产函数、柯布—道格拉斯生产函数,都是从总量关系上建立生产要素与组织产出的关系,无法满足部门员工薪酬与组织产出分析的需求,无法采纳。经过函数筛选,本节决定使用投入产出技术进行建模,选择该技术的原因具体如下:

(1)系统论思想指导下的建模

本书以系统思想为指导,在研究的过程中摒弃了以局部的研究代替整体、以单点的研究代替集合的还原论的习惯做法。瓦里安认为,一般均衡具有两个基本的特征:一是所有的价格都是变量;二是所有的市场都必须出清。一般均衡把经济学系统当作一个整体,而局部均衡则是把这一整体中的一部分分割出来,观察一部分变量之间的关系,而把其他部分视为常量。当系统接受一个外来冲击时,在局部均衡模型中,这一冲击只是沿着指定的渠道传递,而一般均衡模型则更确切地描述了在经济系统中牵一发而动全身的整体性。局部均衡着眼于一个或几个经济部门内部的联系,或几个经济变量之间的关系,而一般均衡更为强调经济系统中各部门、各变量之间的相互作用。因此,以一般均衡论为基础来研究组织这个系统更具有完整的意义。在系统论的指导下,组织或者企业是一个完整的系统,单部门变化将引发组织整体的变化,投入产出技术能够很好地描述这种关系。

(2)一种具有良好表达力的生产函数

对部门投入与组织产出的分析需要建立起适当的生产函数。一些生产函数(多项式生产函数、柯布—道格拉斯生产函数等)虽然考虑了劳动力、资本等生产要素,可以研究这些自变量与因变量(产出)的关系。但是,这种研究方式只能研究自变量总量增减的情况下总产出的变化,无法研究某部门员工(部门)投入改变的情况下企业总产出变化的问题。投入产出模型可满足本节对部门投入与组织产出分析的需要。

(3)反映了组织的具体情况

激励强度的分析与组织所在行业、发展状况、部门类型等密切相关。投入产出模型,作为在一定假设条件下的一种量化模型,能较好地反映组织的产业、产品、服务、结构等具体情况,对组织各个部门经济技术关系具有较好的分析优势,对企业分析具有实践意义。

综上所述,本节引用投入产出技术来建立部门薪酬与组织产出的关系,下面对投入产出技术涉及的基础理论作简单说明。

一、关于投入产出技术

1. 简介

投入产出技术就是运用现代数学方法和计算机手段,来研究一个经济系统各部门之间或产品之间相互关系、相互依存的数量关系的经济数学模型的方法。计量经济学主要运用估计和假设检验的统计方法进行经验观测的研究。而数理经济学则把数学应用于经济分析的纯理论方面,基本不涉及或不关心诸如所研究变量的度量误差这类统计问题。同时,数理经济学主要集中于将数学应用于演绎推理而非归纳推理。投入产出技术综合运用了经济学、统计学、数学这三门学科,是应用经济学的一个分支,是一个系统的分析方法。

（1）投入产出综合平衡表构成

表 3-2 是投入产出综合平衡表的一般形式,分为四个部分。第一部分为部门中间使用部分,反映了该经济系统在一定时期内各产业之间发生的相互间的供给与需求关系。从纵向来看,表中 x_{ij} 表示第 j 部门用于第 i 部门生产消耗的数量;从横向来看,表中 x_{ij} 表示第 i 部门用于第 j 部门生产使用（分配）的数量。第二部分为最终使用部分,反映该经济系统在这一时期内向社会提供的最终产品的使用部分,表中 Y_i 表示第 i 部门在最终使用中的使用数量。第三部分为增加值部分,反映了该经济系统在这一时期内实现的附加价值,表中 N_j 表示第 j 部门实现的增加值。空白部分为第四部分,主要反映国民收入再分配的情况,因为该部分经济内容复杂,对它的研究和利用还很少,在编制投入产出表时常常将它省略。

表 3-2　投入产出简表

投入＼产出		中间使用						最终使用	总产出
		部门 1	部门 2	…	部门 j	…	部门 n		
中间投入	部门 1	x_{11}	x_{12}	…	x_{1j}	…	x_{1n}	Y_1	X_1
	部门 2	x_{21}	x_{22}	…	x_{2j}	…	x_{2n}	Y_2	X_2
	⋮	⋮	⋮	⋮	⋮	⋮	⋮	⋮	⋮
	部门 i	x_{i1}	x_{i2}	…	x_{ij}	…	x_{in}	Y_i	X_i
	⋮	⋮	⋮	⋮	⋮	⋮	⋮	⋮	⋮
	部门 n	x_{n1}	x_{n2}	…	x_{nj}	…	x_{nn}	Y_n	X_n
增加值		N_1	N_2	…	N_j	…	N_n		
总投入		X_1	X_2	…	X_j	…	X_{n1}		

（2）两种投入产出表的主要异同

当前,世界上实行着两种国民经济核算体系:一种是物质产品平衡体系(the System of Material Products Balances,MPS),也叫东方核算体系;另一种是国民经济账户体系(A System of National Accounts,SNA),也叫西方核算体系。

物质产品平衡体系按照劳动的生产性质将国民经济区分为物质生产部门和非物质生产部门。凡生产物质产品的劳动称为生产性劳动,而将不生产物质产品的一切劳动称为非生产性劳动。他们将劳务又分为两类:一类叫物质性劳务,指生产过程在流通领域服务的活动,如运输、商业、仓储等;另一类叫非物质性劳务,指能够满足个人和社会需要的活动,如满足个人文化和日常需要的住房、公用事业和满足社会需要的科学、金融、政府机关等。物质产品平衡体系认为,物质生产是人类最基本的经济活动,它创造了人类所需要的各种具体物质产品,只有物质生产部门才属于生产,非物质性劳务是保证物质生产的必要条件,但它不创造物质产品也不创造收入。

国民经济账户体系是西方发达国家和大多数第三世界国家为加强宏观经济控制而建立的一套国民经济平衡核算体系。国民经济账户体系认为,劳动力、资本、土地是一切社会不可缺少的三要素,社会产品和国民收入是这三个"生产要素"一起作用的结果。新国民经济账户体系对劳动的生产性质定义为:生产就是人类通过劳动变更物质的性质、创造或增加满足人类欲望的效用,这既包括有形的物品,也包括无形的劳务。即认为一切物品的生产和劳务的提供都属于生产。而利润、利息、租金同工资一样,都是要素收入。因此,国民经济账户体系除核算和反映物质产品平衡体系所指的物质部门的产品之外,还同时核算和反映物质产品平衡体系所指的非物质生产部门提供的劳务。由于劳务的提供不具备实物形态,故一般只编制价值型投入产出表,其核算范围是物质产品和劳务的投入关系。

对我国投入产出技术的发展作出卓越贡献的李秉全教授认为,在产品和服务的生产企业中,编好、用好投入产出模型,可以提高企业的经济效益。因此,企业投入产出表的编制和应用应该被更加广泛地推广和应用。

2. 理论基础

投入产出分析的理论基础是一般均衡理论。瓦西里·列昂剔夫(Wassily Leontief)认为,"投入产出分析是用新古典学派的一般均衡理论,对各种错综复杂的经济活动之间在数量上的相互依赖关系进行经验研究",是一般均衡理论的具体"延伸"。

（1）一般均衡论

均衡指选定的一组具有内在联系的变量经过彼此调整,从而使这些变量所构成的模型不存在内在变化倾向的一种状态。供给、需求、平衡是经济学最基本、最核心的内容。19 世纪法国经济学家、瑞士洛桑大学教授里昂·瓦尔拉斯（Léon Walras）在其名著《纯粹经济要义》中提出了一般均衡模型。

假如有 n 种产品,每种产品的供给量 S_i 都是价格 $P_1,\cdots,P_n$ 的函数,即 $S_i = S_i(P_1,P_2,\cdots,P_n)$, $i = 1,2,\cdots,n$ 。同样,每一种产品需求量也是市场价格的函数,即 $D_i = D_i(P_1,P_2,\cdots,P_n)$ 。关于市场价格可列出以下几个方程式:

$$D_1(P_1,P_2,\cdots,P_n) - S_1(P_1,P_2,\cdots,P_n) = 0$$

$$\cdots$$

$$D_n(P_1,P_2,\cdots,P_n) - S_n(P_1,P_2,\cdots,P_n) = 0$$

所谓一般均衡,指所有的市场都经过了各种价格调整后实现了供求平衡,这时的一组价格就是一般均衡价格。一般均衡理论认为,各种经济现象之间的关系都可以表示为数量关系,这种数量关系全面地相互依存、相互影响,并在一定条件下达到均衡。因此,要确定某些经济变量的值,就不应只采用因果的方法去寻求每个经济变量的唯一决定因素,而必须把这些经济变量间的关系表示为函数关系,并用方程组来同时求得它们的解。虽然瓦尔拉斯的全部均衡模型描述了整个国民经济的循环机制,但该体系在理论上过于精细和复杂,只能用于抽象的理论研究,而无法用于具体的定量研究。但是如果采用投入要素不可互相替代的生产函数,那么问题的求解就容易得多。19 世纪 40 年代到 50 年代列昂惕夫和冯·纽曼（Von-Neumann）等所创立的静态与动态投入产出模型及生产活动分析模型,实际上采用了投入要素不可替代的生产函数。

（2）投入产出技术与一般均衡论

投入产出技术,作为一种数理经济学分析方法,在理论上吸取了一般均衡理论关于经济活动相互依存的观点,在方法上吸取了瓦尔拉斯运用代数联立方程体系来描述这种相互关系的方法。[①]列昂惕夫认为,投入产出分析是用新古典学派的一般均衡理论,对各种错综复杂的经济活动之间在数量上的相互依赖关系进行经验研究。他捕捉到了一般均衡论中的一个光辉思想,指出一般均衡论的主要优点,是它能够使我们考察高度复杂的纵横交叉的相互关系。这种交叉关系把任何局部的、最初变动的脉搏,传送到经济体系极远的角落。

他对一般均衡模型所进行的简化工作主要有以下几点:一是用生产要素之间不可替代的固定系数的生产函数,取代了生产要素之间可替代的生产函数,从而使生产能用简便的线性联立方程组来表示。二是假定生产资源的供求是相等的,假定不存在生产资源供给不足或过剩的问题,用一个年度的观察值来决定联立方程组中的参数。三是引入了中间投入及其消耗系数,并剔除了价格变动对中间产品流量的影响,而假定它只随各部门生产水平的变动而按比例地变动;四是用分类归并的统计方法,将成千上万种产品归并为有限产量的部门,解决了实际计算的困难。列昂惕夫用分类归并的统计方法使方程和变量的数目大大减少,解决了实际运算的困难。

严格地讲,通过这种简化,投入产出分析并不是一般意义上的

---

① 刘小瑜:《中国产业结构的投入产出分析》,经济管理出版社 2003 年版,第 22 页。

一般均衡分析。尽管这里也强调不同产业之间的内在联系,但所设想的"正确"的产出水平是为了满足生产技术联系为基础的投入产出关系,而不是为了满足市场均衡条件。它完全排除了一般均衡的核心,即价格对各经济主体最优化行为的影响。由于,投入产出分析排除了市场调节对一般均衡的影响,只保留了由生产技术关系带来的各部门相互依存性对全部均衡的影响,所以,投入产出是一种极为特殊的一般均衡论。这一分析实质上是利用了经济各部门之间的商品和服务流量的相对稳定形态,把整个体系更多详尽的统计事实置于理论控制的范围之内。列昂剔夫的最大贡献在于全部均衡分析量化的成功,因而他于 1973 年获得了诺贝尔经济奖。

(3)经济假设

应用投入产出分析技术解决现实的经济问题,总是在一定的假设条件下进行的,这些假设条件既是必要的,也是有效的。在利用投入产出技术进行分析时,我们需要对现实进行一定的抽象,不管规模有多大,涉及活动中的因素有多少,只能根据研究的侧重点,去选择在活动中居于主导地位的因素。同时,由于所研究的活动总是在一刻不停地运动着,而任何一个模型都只能描述某一个时刻的状态。所以,对于投入产出模型,要假定它有一定的有效期,假定它可以代表一定时期的经济状况。把极其复杂的经济现象用相对简单的数学模型加以描述,不可避免地需要建立在一定假定基础上。投入产出分析有三个基本的假定:

非结合性假定。该假设要求每个产品部门只生产一种产品(或提供一种服务),保证部门间的技术联系可以通过消耗的构成反映出来,便于计算和分析。这个假设在多数情况下可以满足,当有些活动是生产一种以上产品(结合生产)时,投入产出分析要求通过适当分解来满足这个假定。

无替代性假定。该假定要求每个产品部门只有一种生产活动。也就是说,投入产品之间在技术上无替代性。在现实中,由于价格的变动和产出水平的不同,生产同一种产品可能有多种投入组合。经济学有关生产理论阐明了生产中的最优投入组合,即最优活动问题,而在投入产出分析中,只有一种活动的假定。

这两个假设可归纳为产品(服务)同质性假定,它要求各个部门用单一的投入结构来生产单一的产品,并要求不同部门的产品之间没有替代性。

比例性假定(投入系数不变的假定)。该假定要求各部门的生产技术在没有发生变化的情况下,投入系数与产出水平无关,是一个常数。事实上,在生产技术没有发生变化的情况下,大多数产品生产中的消耗基本满足这个假定。做投入产出分析时,不考虑随机因素的影响。

(4)函数及平衡关系

投入产出技术函数表示为 $X_j = \min(x_{ij}/a_{ij})$

平衡关系投入产出表有三个重要的平衡关系,即行平衡、列平衡和总量平衡。

行平衡:中间使用+最终使用=总产出

列平衡:中间投入+最初投入=总投入

总量平衡:总投入=总产出

依据行平衡关系与列平衡关系、直接消耗系数与列昂惕夫逆系数,可以建立基本模型。同时,当前现实中广泛使用的投入产出表,以及本书所要编制的投入产出表都为价值表,价值表满足索洛条件,投入产出模型均衡产出量有非负解。

3. 外生基本模型

外生基本模型为投入产出模型常用模型,该节内容可参见《当代中国投入产出理论与实践》《投入产出技术与企业管理现代化》《投入产出分析的理论与方法》等文献。

假设某公司有 n 个部门,分别为产品部、营销部……信息部门,投入产出平衡表基本表式见表3-3。

表3-3　投入产出平衡表

投入＼产出	产品部	营销部	…	信息部	最终使用	总产出
产品部	x_{11}	x_{12}	…	x_{1n}	Y_1	X_1
营销部	x_{21}	x_{22}	…	x_{2n}	Y_2	X_2
…	…	…	…	…	…	…
信息部	x_{n1}	x_{n2}	…	x_{nn}	Y_n	X_n
固定资产折旧	D_1	D_2	…	D_n		
劳动报酬	W_1	W_2	…	W_n		
生产税净额	T_1	T_2	…	T_n		
营业盈余	S_1	S_2	…	S_n		
总投入	X_1	X_2	…	X_n		

将 Ⅰ 象限、Ⅲ 象限连在一起,是一张纵向长方形表,该表反映各部门投入过程。以列平衡关系建立起列模型。在列模型中,初始投入作为系统外生变量,对中间使用不带来波及影响。第 j 列表示第 j 部门作为消费者消耗了各部门投入本部门的各种劳动对象和劳动资料,同时消耗了本部门劳动者投入的活劳动,从而形成第 j 部门的总投入 X_j,这一平衡关系可以表示为:

$$
\begin{cases}
x_{11} + x_{21} + \cdots + x_{n1} + D_1 + W_1 + T_1 + S_1 = X_1 \\
x_{12} + x_{22} + \cdots + x_{n2} + D_2 + W_2 + T_2 + S_2 = X_2 \\
\qquad\qquad\qquad \cdots \\
x_{1n} + x_{2n} + \cdots + x_{nn} + D_n + W_n + T_n + S_n = X_n
\end{cases}
\tag{3-2}
$$

$x_{ij}(i = 1,2,\cdots,n)$ 表示第 j 部门中间投入；D_j、W_j、T_j、S_j ($j = 1,2,\cdots,n$) 分别表示第 j 部门的固定资产折旧、劳动报酬、生产税净额、营业盈余。

设直接消耗系数为：

$$
a_{ij} = x_{ij}/X_j (i,j = 1,2,\cdots,n)
\tag{3-3}
$$

式(3-2)可表示为：

$$
\sum_{i=1}^{n} a_{ij}X_j + D_j + W_j + T_j + S_j = X_j (i,j = 1,2,\cdots,n)
\tag{3-4}
$$

写成矩阵模型为：

$$
\hat{A}_c X + D^T + W^T + T^T + S^T = X
\tag{3-5}
$$

式(3-5)中，D^T、W^T、T^T、S^T 表示固定资产折旧、劳动报酬、生产税净额、营业盈余的转置矩阵；$\hat{A}_c$ 表示直接消耗系数对角矩阵。

$$
D = (D_1, D_2, \cdots, D_n) , W = (W_1, W_2, \cdots, W_n)
$$

$$
T = (T_1, T_2, \cdots, T_n) , S = (S_1, S_2, \cdots, S_n)
$$

$$
\hat{A}_c = \mathrm{diag}(\sum_{i=1}^{n} a_{i1}, \sum_{i=1}^{n} a_{i2}, \cdots, \sum_{i=1}^{n} a_{in}) =
\begin{bmatrix}
\sum_i a_{i1} & & & 0 \\
& \sum_i a_{i2} & & \\
& & \cdots & \\
0 & & & \sum_i a_{in}
\end{bmatrix}
$$

$(D + W + S + T)$ 反映各部门的初始投入构成,反映了组织收入的初次分配和价值构成。该栏的内容也可根据具体的分析需要进行细分。列在劳动报酬一栏中,可以根据劳动报酬的组成的变动性分为固定薪酬和变动薪酬。该模型中固定资产折旧和新增加价值均作为系统外生变量。

根据式(3-5)解得:

$$X = (I - \hat{A}_c)^{-1}(D^T + W^T + S^T + T^T) \tag{3-6}$$

式(3-6)为投入产出基本列模型,也称为外生基本模型。这个模型将薪酬作为初始投入,对各产品部门的投入与组织产出进行说明。如果将薪酬分为固定薪酬和变动薪酬,固定薪酬矩阵表示为 W_s,变动薪酬矩阵表示为 W_p,则式(3-6)变形为:

$$X = (I - \hat{A}_c)^{-1}(D^T + W_s{}^T + W_p{}^T + S^T + T^T) \tag{3-7}$$

由于 $(I - \hat{A}_c)^{-1}$ 的稳定性较好,式(3-7)有很广泛的用途。

二、内生型投入产出模型

如何利用投入产出技术,建立组织薪酬与组织产出的函数关系是本节研究的重点。式(3-7)虽然运用广泛,但是薪酬一栏表示固定薪酬,无法考虑变动薪酬对总产出的影响。同时,在外生模型中,将变动薪酬作为外生变量的处理方式存在不妥。本节首先对投入产出外生基本模型进行分析,讨论外生基本模型的适用性;其次考虑变动薪酬具有波及效应,对外生基本模型进行改进。

1. 外生模型分析

虽然 $(I - \hat{A}_c)^{-1}$ 稳定性较好,式(3-7)应用广泛,但在分析变动薪酬时模型存在不足。我们知道 $W_{薪酬} = W_{固定薪酬} + W_{变动薪酬}$ 。其中，$W_{固定薪酬}$ 为稳定值，是生产前可确定的薪酬；$W_{变动薪酬}$ 是变化的，该薪酬与业绩相关，影响个体的生产积极性。若薪酬为单一结构，只有固定薪酬，则薪酬作为外生变量是一定值。但是，当薪酬的组成分解为固定薪酬与变动薪酬时，这种外生变量的处理方法则显得不够合理，原因在于：

（1）与业绩挂钩的报酬方案改变了个体的工作积极性，改变了消耗系数。业绩报酬方案通过对个体结果变量的控制来减少个体的道德风险，影响个体的决策、行为。个体工作积极性变化影响了中间投入和中间使用。我们知道，部门之间的联系是通过部门之间的投入（消耗）来反映的，部门个体积极性的改变意味着活劳动投入的变化，即劳动消耗的变化。劳动消耗的变化将改变中间矩阵，因此，将变动薪酬完全处理为外生变量是不恰当的。

（2）变动薪酬具有不确定性，不能全部当作初始投入。变动薪酬付酬额度并非在事前（生产前）决定，而是与个体工作的绩效直接相关。个体无法在业绩完成以前确定自身所获报酬。因此，作为结果控制变量，其与作为初始投入的固定薪酬有本质的差别，不能简单处理为初始投入。

（3）从波及效应的角度来看，外生模型扩大了变动薪酬的波及效应，模型隐含着所有的薪酬都是固定薪酬的假定。由于波及效应是从中间投入（使用）引发的，所以该模型的波及效应与没有变动薪酬的波及效应完全一样。由式（3-7）可知，固定薪酬 W_s 通过完全投入系数矩阵（乘数因子）放大成为总产品 $(I - \hat{A}_c)^{-1} W_s^T$ ，使用该模型会同比放大变动薪酬使之成为总产出 $(I - \hat{A}_c)^{-1} W_p^T$ 。

但是,变动薪酬的不确定性使其在模型中的放大比例应小于固定薪酬。

(4)劳动报酬对部门生产具有连锁反应,即劳动报酬增加(减少)后,部门个体对产品和劳务的需求必然随之扩大(减小),从而刺激各部门生产的发展,这种连锁反应在通常的投入产出开启式模型中反映不出来。

变动薪酬与企业经济活动水平紧密相关,对模型内部有一定的影响作用,特别是在变动薪酬较大的情况下更是如此。从波及效应的角度思考,外生基本模型隐含的全部变动薪酬都是固定薪酬和初始投入。由于波及效果都是因中间使用引发的,所以该模型的波及效应与没有变动薪酬的波及效应完全一样。我们知道变动薪酬具有一定风险性,并非个体事前可以确定拿到的报酬,所以,用 $(I - \hat{A}_c)^{-1}$ 反映变动薪酬的波及效果会导致其影响结果过大。综上所述,薪酬外生基本模型不能直接用于存在变动薪酬的薪酬与组织产出的分析,需要对其进行改进。

2. 内生型模型 I

以上对外生基本模型进行了分析,该模型不能直接用于存在变动薪酬的个体薪酬与组织产出分析,因此,下面根据研究需要对模型进行改进。

首先,重新定义变动薪酬系数,内生化变动薪酬。变动薪酬系数定义如下:

$$w_{pj} = W_j^p / X_j (j = 1, 2, \cdots, n) \tag{3-8}$$

式中,W_j^p 为 j 部门变动薪酬总值。

将式(3-2)和式(3-8)代入式(3-3)列平衡关系得:

$$\begin{cases} \sum_i a_{i1}X_1 + D_1 + T_1 + S_1 + W_{s_1} + w_{p1}X_1 = X_1 \\ \sum_i a_{i2}X_1 + D_2 + T_2 + S_2 + W_{s_2} + w_{p2}X_2 = X_2 \\ \qquad\qquad \cdots \\ \sum_i a_{in}X_n + D_n + T_n + S_n + W_{s_n} + w_{pn}X_n = X_n \end{cases} \qquad (3-9)$$

即：

$$\sum_i a_{ij}X_j + D_j + T_j + S_j + W_{s_j} + w_{pj}X_j = X_j \qquad (3-10)$$

写成矩阵形式：

$$\hat{A}_c X + D^T + S^T + T^T + W_s^T + \tilde{W}_p X = X \qquad (3-11)$$

其中，$\tilde{W}_p$ 为对角矩阵，主对角为 w_{pj}。

$$\tilde{W}_p = \begin{bmatrix} \dfrac{W_1^p}{X_1} & \cdots & & & 0 \\ & \cdots & & & \\ \cdots & & \dfrac{W_j^p}{X_j} & & \cdots \\ & & & \cdots & \\ 0 & & \cdots & & \dfrac{W_n^p}{X_n} \end{bmatrix}$$

解均衡产出量得到内生型模型：

$$X = (I - \hat{A}_c - \tilde{W}_p)^{-1}(D^T + S^T + T^T + W_s{}^T) \qquad (3-12)$$

式（3-12）中初始投入引发的产出量发生了变化。由于考虑了变动薪酬引发的中间投入的变动，所以比没有考虑变动薪酬时对各部门引发的产出量要大，即波及效果要大。

$$(I - \hat{A}_c - \tilde{W}_p)^{-1} > (I - \hat{A}_c)^{-1} \tag{3-13}$$

因为，$w_{pj} > 0$，上述不等式可证。

该模型考虑了变动薪酬对波及效应的影响，因而在说明系统的经济结构方面比原模型更符合实际，但仍存在不足。

由式(3-12)可得：

$$
\begin{aligned}
X = & (I - \hat{A}_c - \tilde{W}_p)^{-1}D^T + (I - \hat{A}_c - \tilde{W}_p)^{-1}S^T \\
& + (I - \hat{A}_c - \tilde{W}_p)^{-1}T^T + (I - \hat{A}_c - \tilde{W}_p)^{-1}W_s^T
\end{aligned}
\tag{3-14}
$$

总产出可以看作由固定资产折旧、生产税净额、营业盈余、固定薪酬四部分乘数因子与 $(I - \hat{A}_c - \tilde{W}_p)^{-1}$ 乘积的和。式(3-14)中总产出的解释变量为固定资产折旧、生产税净额、营业盈余、固定薪酬，没有变动薪酬项。模型隐含了所有的变动薪酬都是中间使用的假定，即全部变动薪酬都被部门中间使用了，这从变动薪酬系数与总产出的关系中也有反映。

该假定过于极端，变动薪酬有效地将业绩与薪酬联系在一起，虽然具有不确定的一面，但是作为事前契约，个体可以根据自身能力进行预测。变动薪酬不仅提升了个体的中间劳动投入，而且提升了个体对报酬收入估计或组织的报酬支出。因此，变动薪酬不仅影响了中间生产，也增加了组织初始投入，增加了个体报酬收益。其既对初始投入产生效力，也对中间投入产生效力。内生型模型Ⅰ虽然考虑了变动薪酬具有的内生变量作用，却无法完整考虑变动薪酬具有初始投入作用的那一部分，模型仍需改进。

3. 内生型模型 II

内生模型 I 比外生基本模型有了进步,但是,我们使用常用外生变量内生化处理方式来定义变动薪酬系数,处理后的模型在变动薪酬问题上仍不理想。考虑到变动薪酬不仅影响了中间生产,也增加了员工报酬收益,本书对变动薪酬系数 w_{pj} 重新定义。定义如下:

$$w_{pj} = W_j^p / \left(\sum_i x_{ij} + W_j^s \right) \ (i, j = 1, 2, \cdots, n) \tag{3-15}$$

式(3-15)中, W_j^p 为 j 部门变动薪酬总值, $W_j^p = \beta_j P_j$; W_j^s 为 j 部门员工固定薪酬总值。显然, $w_{pj} > 0$ 。

根据式(3-15)定义,可以得到列平衡关系:

$$\sum_i a_{ij} X_j + D_j + T_j + S_j + W_j^s + w_{pj} \left(\sum_i a_{ij} X_j + W_j^s \right) = X_j \tag{3-16}$$

整理写成矩阵形式:

$$\hat{A}_c X + D^T + S^T + T^T + W_s^T + \tilde{W}_p (\hat{A}_c X + W_s^T) = X \tag{3-17}$$

解均衡产出量得到变动薪酬内生型模型为:

$$X = [I - (I + \tilde{W}_p) \hat{A}_c]^{-1} [(I + \tilde{W}_p) W_s^{\ T} + D^T + S^T + T^T] \quad \text{或}$$

$$X = [I - (I + \tilde{W}_p) \hat{A}_c]^{-1} [W_s^{\ T} + \tilde{W}_p \cdot W_s^{\ T} + D^T + S^T + T^T] \tag{3-18}$$

其中,固定薪酬矩阵为 W_s , $\tilde{W}_p$ 为对角矩阵,主对角为 w_{pj} ; $W_j^p = \beta_j P_j$ 。

$$\tilde{W}_p = \begin{bmatrix} \dfrac{W_1^p}{\sum\limits_i x_{i1} + W_1^s} & \cdots & & & 0 \\ & \cdots & & & \\ \cdots & & \dfrac{W_j^p}{\sum\limits_i x_{ij} + W_j^s} & & \cdots \\ & & & \cdots & \\ 0 & & \cdots & & \dfrac{W_n^p}{\sum\limits_i x_{in} + W_n^s} \end{bmatrix}$$

若 $w_{pj} > 0$，内生型模型 I 波及效果大于内生模型 II。同理可证内生型模型 II 波及效果大于外生基本模型。

式(3-18)中，w_{pj} 是变动薪酬系数，$(1 + w_{pj})$ 为薪酬激励系数。式(3-18)中的投入系数 $\hat{A}_c$ 通过薪酬激励系数的调整，转换为变动薪酬与固定薪酬都存在情况下的激励投入系数。通过激励系数调整，在总产出解释变量中增加了变动薪酬影响项—— $\tilde{W}_p W_s^T$。新的逆矩阵按比例将变动薪酬分配于中间矩阵和固定薪酬，并按比例将中间使用的变动薪酬分配于各产品部门，很好地反映了该系统的波及效应。

三种模型小结如下：

外生模型：$X = (I - \hat{A}_c)^{-1}(D^T + W_s^T + W_p^T + S^T + T^T)$

模型中比较准确地反映了组织的生产技术情况，稳定性较好，在预测中利用率高。但是该模型没有考虑变动薪酬的内生效应，不能直接用于存在变动薪酬的薪酬与组织产出分析。

内生型模型 I：$X = (I - \hat{A}_c - \tilde{W}_p)^{-1}(D^T + S^T + T^T + W_s^T)$

虽然能在模型内部考虑变动薪酬的影响,但是由于其隐含假设的极端性,不能有效地进行分析。

内生型模型Ⅱ:

$$X = [I - (I + \tilde{W}_p)\hat{A}_c]^{-1}[(I + \tilde{W}_p)W_s^T + D^T + S^T + T^T]$$

该模型较好地分配了变动薪酬,既考虑了变动薪酬的波及效用,又能准确地反映薪酬变动对初始投入和总产出的影响。而且,只要变动薪酬系数是稳定的,薪酬激励系数也是稳定的。因此,本书将内生型模型Ⅱ[①]用于组织薪酬与组织业绩(组织总产出)的分析中,预测不同薪酬方案下的组织总产出情况。

第三节　效用测度

前面,本书通过讨论激励强度与个体业绩、个体业绩与组织薪酬、组织薪酬与组织业绩的关系,找到了量化激励强度与组织薪酬、组织业绩的方法。本节将进一步讨论组织薪酬与个体效用的关系,组织薪酬、组织业绩与组织效用关系的量化。

一、研究现状

目前对激励效用的测度并没有统一的方法,本节将对研究现状进行分析,在此基础上界定测度薪酬激励中个体效用和组织效用的指标,进而确定组织薪酬与个体效用关系的量化方法,组织薪酬、组织业绩与组织效用关系的量化方法。

---

① 以下不作特别说明,内生型模型均指内生型模型Ⅱ。

一般来说,研究者常把"效用"用作满意或幸福的同义词,而对它的确切含义却故意含糊其词。[1] 经济学家在引进效用这一概念时,认为人们从享用某商品或服务中所得到的满足可以用一种叫作"效用"的尺度来衡量。朱治龙(2003)[2]认为:关于激励效用,很少有学者对其作出科学的界定,但激励效用一词却又经常见诸许多学者发表的不同文献之中。其含义似乎是显而易见、约定俗成的,但在不同的文献之中,却对它又有不同的理解,并相应地形成了不同的测度理论。他将激励效用测度理论分为动力论、绩效论、满意论。

1. 动力论

一些学者把激励目标理解为激励力量,即个体由激励而引发的工作动力,并以动力的大小来衡量激励效用,我们称为"动力论"。动力论的主要代表有弗鲁姆(Vroom)。

弗鲁姆认为,激励的效用受到两个因素的影响:一是目标效价,即人对目标价值的判断;二是期望值,即人对实现目标的概率判断。[3] 公式表示为:$M = E \times V$。其中,M(Motivation)代表对行为动机的激发力度;E(Expectation)为期望值,即实现可能性的主观估计,取值范围0—1.0;V(Valence)为目标效价,即目标价值的主观估计,取值范围不限。只有当 E 和 V 都高时,激励力量才可以达到更大。在弗鲁姆看来,期望值和目标效价都是主观的,而且都是变量,激发的力量就是这些变量的组合。它们可在初始状态

---

[1]　周惠中:《微观经济学》,上海人民出版社 1999 年版,第 60 页。

[2]　朱治龙、曾德明:《激励效用及其测度模型研究》,《湖南大学学报(自然科学版)》2003 年第 8 期。

[3]　余凯成:《组织行为学》,大连理工大学出版社 2001 年版,第 153—155 页。

被认定,也可以在动态过程中被考察。不同个体对同一目标及对自己的估价是不同的。如果对目标难度的估计过低或过高,对自己的能力和环境估计过于悲观或乐观,经过一段时间之后,人们会自己进行修正,重新评价。

余凯成认为,$M = f(E_f \times A_P \times p_s)$(其中,$M$代表激励水平,其他三个变量分别代表行动方向、幅度、持续期)。[1]

章凯(2003)[2]认为,激励强度 $= V \times E \times \sum$(心理目标潜能×目标激活水平)。其中,心理潜能×心理目标激活水平=动机强度。

动力论对激励效用的认识是站在个体主观性的角度进行的,从激励力度的角度评价激励效用。动力论利用简单的数学模型,从动态的角度描述了激励效用实现过程中的重要变量及其关系,对激励具有良好的阐述作用。然而它仅对个体激励效用给予了定性分析,难以量化。

2. 绩效论

部分学者在实证研究中,为弥补动力论难以量化分析的缺陷,试图用绩效来测度激励目标的实现效果[3]。将绩效作为激励目标,通过绩效来衡量激励效用的理论,称为"绩效论"。由于绩效的可观察性和测度理论的相对成熟性,为激励效用的计量分析提供了极大的便利。绩效论的主要代表有坎贝尔(Campbell)和劳勒(Lawler)。

坎贝尔认为,绩效 $= f$(能力水平、技术水平、对任务的理解、

---

① 余凯成:《组织行为学》,大连理工大学出版社 2001 年版,第 114 页。

② 章凯:《激励理论新解》,《科学管理研究》2003 年第 2 期。

③ 于东智、谷立日:《上市公司管理层持股的激励效用及影响因素》,《经济理论与经济管理》2001 年第 9 期。

努力于某一工作的选择、坚持努力的时间、个体不能控制的有利和不利条件),即绩效=能力×激励。

劳勒把期望分为导致绩效(E→P),绩效进一步导致成果(P→O)两类,阐述激励与绩效的关系,并用绩效衡量激励效用的大小。公式表达为:

$$F = (E \rightarrow P) \times \sum [(P \rightarrow O)(V)] \times V$$

早期学者对激励的讨论是通过绩效来建立的。此后,在主流研究(委托代理理论)的趋势下及近十年兴起的"人事管理经济学"的带领下,研究者把主要精力集中在讨论"利用绩效衡量经理人努力程度,并给予相应报酬"问题上。

"由于绩效的可观察性和测度理论的相对成熟性,为对激励效用进行计量分析提供了极大的便利。因此,持绩效论观点的学者很多。但绩效与激励效用的关联性太弱,事实上,并不是一个人的积极性高,就能产生好的绩效,因为绩效除了受激励效用影响外,还同时受个人能力、政策、市场、自然条件等很多变量的影响。因此,用绩效测度激励效用,并不能真实性、准确地反映激励效用的大小,其真实性、准确性必定大打折扣。"[1]

因为绩效除了受激励影响外,还同时受个人能力以及外界各种变量的影响,因此在风险较大的系统中,并不能真实、准确地反映个体努力程度的大小。同时,从个体角度来看,个体以达成的绩效与组织交换,实现激励目标,绩效只是个体实现目标的中间物。

---

[1] 朱治龙、曾德明:《激励效用及其测度模型研究》,《湖南大学学报(自然科学版)》2003年第8期。

因此,以绩效衡量个体的激励效用的方法欠妥。但是,组织激励的目标是为了提升组织绩效,以绩效衡量组织激励效用的方法对组织具有更好的说服力。

3. 满意论

"要弄清楚什么是激励效用,首先就要全面分析激励的作用过程。"[①]从不同的角度进行测度,就对效用有不同的理解。但最能真实、准确反映一个因素效用的,莫过于其直接、控制性效果。从激励作用过程可以看出,满意程度是激励目标的直接效果,激励力量和工作绩效是激励目标的间接效果。因此,激励效用的科学定义应该为:受激励者对激励目标的满意程度。在此,我们不妨将其称为满意论。

根据此定义,朱治龙对上市公司经营者的激励效用解释为:上市公司经营者对激励目标的满意程度。这一理解与经济学效用的定义基本吻合,即效用是人们从享用某商品或服务中所得到的满足。该说法既保证了效用一词的正确含义,也提出了激励效用测度应该寻找激励目标的直接效果的思路。

动力论从机理上解释了激励与员工期望、效价之间的关系,对激励效用大小的解释具有很好的说服力,为激励过程控制提供了管理思路,但难以量化研究。作为激励的结果变量,绩效对分析组织效用具有很好的价值,且易于量化。但是,绩效并非个体的目标,而是个体达成目标的中间变量,所以,用绩效间接衡量个体激励效用必有一定偏差。当然,如果考虑了个人努力与绩效之间的

[①]　朱治龙:《上市公司绩效评价与经营者激励问题研究》,湖南大学 2004 年博士学位论文。

干扰因素,使用绩效衡量个体激励效用也具有一定的解释力。满意论保证了效用一词的正确定义,提出了较为准确的测度方法。

除了激励效用测度理论的动力论、绩效论、满意论外,激励研究中还用"工作满意度"来测度激励效用,本书称为"工作满意论"。工作满意度指组织成员比较实际获得的价值和期望获得的价值之间的差距之后,对工作各个方面是否满意的态度和情感体验,是对工作特征的认知评价。[①] 工作满意度对研究个体的工作态度有很好的解释力,但用工作满意度无法对个体的激励效用进行准确的测度。

动力论、绩效论、满意论从不同角度研究了激励的效用问题。动力论和满意论都站在个体主观性的角度考察激励对个体的效用;绩效论则更适用于组织激励效用的评价;满意论保证了效用一词的正确定义,提出了较为准确的测度方法。

二、效用界定

鉴于以上对效用测度理论的分析,本书以满意论为基础,界定薪酬激励中测度个体激励效用和组织激励效用的指标。我们知道激励效用是激励参与者从激励目标中获得的满足。从个体角度来看,在薪酬激励中个体的激励目标为薪酬,激励目标的直接效果为个体薪酬的达成情况。因此,本书测度个体激励效用的指标为薪酬。通过衡量个体实际薪酬与个体期望奖酬的比(满意度)测度个体激励效用。

从组织角度来看,在薪酬激励中组织激励的主要目标为劳动

[①] 陈敏、时勘:《工作满意度评价及其在企业诊断中的应用》,《中外管理导报》2001 年第 10 期。

生产率和劳动效益①。因此,本书测度组织激励效用的指标为劳动生产率和劳动效益。通过衡量组织实际劳动生产率、劳动效益与组织期望劳动生产率、劳动效益的比(满意度)测度组织的激励效用。

中国生产率高峰论坛(2005)指出,生产率指在经济运行过程中投入与产出数量之间的关系,是了解一个组织的主要依据。本书针对薪酬激励的作用范畴,仅对单要素生产率进行研究,即劳动生产率。劳动生产率是反映活劳动消耗的经济指标。劳动生产率表示为:

$$劳动生产率=总产出/活劳动消耗 \qquad (3-19)$$

在通用生产率计算公式中,活劳动消耗以计算范围中个体数目来替代。也就是说,式(3-19)可表示为:

$$劳动生产率=总产出/全部职工平均人数 \qquad (3-20)$$

该劳动生产率也称"全员劳动生产率"。同理,可分析部门个体生产率。部门个体生产率表示为:

$$部门个体劳动生产率=部门产出/部门个体平均人数 \qquad (3-21)$$

需要注意的是,劳动生产率只能反映人力资源的生产效率,不能反映企业的经营效果。对组织经营效果的讨论需要关注劳动效益指标。劳动效益指劳动者在生产过程中所得的实际收益与相应的劳动消耗量的比,表示为:

$$劳动效益=实际收益/活劳动消耗 \qquad (3-22)$$

在计算中,对各道工序的活劳动消耗通常可以用工时这个

---

① 从大量的激励定义中可知,激励的目标是提升劳动生产率,而经济学激励效用分析中对组织效用的表示习惯使用劳动效益,即劳动者为社会提供的实际收益,或者可以称为盈利。

指标来衡量,但对整个产品的活劳动消耗则需用工资费用来衡量。本书站在组织角度,为了更好地解释薪酬激励与组织劳动效益的关系,采取工资费用来表示活劳动消耗。劳动效益表示为:

$$劳动效益 = 净产出/个体总工资 \qquad (3-23)$$

劳动生产率和劳动效益有很大的差别。劳动效益指标指总产出中扣除了成本的盈利,它总是小于总产出。本书中的劳动生产率指标以个体数量为活劳动消耗量,表示了单位个体的产出;而劳动效益是从组织角度来计算单位薪酬成本为组织带来的净产出。

虽然两者都反映了劳动者的劳动效率、人力资源的利用率,但是,劳动效益更能直观地反映企业的人力资源所带来的实际收益。在企业生产经营过程中,如果一味注重劳动生产率的增长,而忽视劳动效益的提高,那么劳动生产率越高,投入相同劳动,积压的产品(服务)就会越多,浪费也越严重。反之,如果企业劳动效益高,但是劳动生产率低,也不能说企业劳动效率很高。这两种情况都是企业人力资源的浪费。

三、效用量化

本节对个体效用指标(薪酬)和组织效用指标(全员劳动生产率、劳动效益)进行量化。

1. 指标量化

(1)薪酬

假设共有 n 个部门,研究第 j 部门的薪酬强度与激励效用的关系。假设 j 部门员工业绩等级分为 5 级（1,2,3,4,5），每个等级的业绩分类对应值为 $p_j^k(k=1,2,\cdots,5)$ ；j 部门激励强度为 β_j ；在该激励强度下第 k 种业绩表现的人数为 m_j^k ；问卷调查可得激励强度 β_j 对应的部门员工总业绩 P_j ，有：

$$P_j = \sum_{k=1}^{5} p_j^k m_j^k$$

在激励强度 β_j 下，对应于业绩分布的部门变动薪酬 W_j^p 表示为：$W_j^p = \beta_j P_j = \beta_j \sum_{k=1}^{5} p_j^k m_j^k$

假设 j 部门固定薪酬为 w_j^s ，则总薪酬 W_j 表示为：

$$W_j = m_j w_j^s + \beta_j \sum_{k=1}^{5} p_j^k m_j^k = m_j w_j^s + \sum_{k=1}^{5} m_j^k w_j^{p(k)} \tag{3-24}$$

式（3-24）中，W_j 表示 j 部门员工薪酬总值，部门员工总人数为 m_j ，w_j^s 表示 j 部门员工平均固定薪酬。

（2）全员劳动生产率

结合投入产出内生模型和式（3-20），可将全员生产率表示为：

$$\lambda = \frac{I_0 \left[I - (I + \tilde{W}_p) \hat{A}_c \right]^{-1} \left[(I + \tilde{W}_p) W_s^T + D^T + S^T + T^T \right]}{N}$$

$$\tag{3-25}$$

式（3-25）中，$I_0 = (1,1,\cdots,1)_{1\times n}$ ，n 表示组织全部职工平均人数；$\tilde{W}_p$ 为对角矩阵，主对角为 W_j^p ；D^T、W_s^T、T^T、S^T 表示固定资产折旧、固定薪酬、生产税净额、营业盈余矩阵的转置矩阵；$\hat{A}_c$ 表示直接消耗系数对角矩阵。

$$\tilde{W}_p = \begin{bmatrix} \dfrac{W_1^p}{\sum\limits_i x_{i1} + W_1^s} & \cdots & & & 0 \\ & \cdots & & & \\ \cdots & & \dfrac{W_j^p}{\sum\limits_i x_{ij} + W_j^s} & & \cdots \\ & & & \cdots & \\ 0 & \cdots & & & \dfrac{W_n^p}{\sum\limits_i x_{in} + W_n^s} \end{bmatrix}$$

(3)劳动效益

结合投入产出内生型模型和式（3-23），将劳动效益表示为：

$$\gamma = \frac{I_0\{[I - (I + \tilde{W}_p)\hat{A}_c]^{-1}[(I + \tilde{W}_p)W_s^T + D^T + S^T + T^T]}{W}$$

$$\frac{-(W_s^T + Q^T + D^T + W_p^T)\}}{W}$$

也可表示为：

$$\gamma = \frac{I_0[Z(\tilde{W}_p W_s^T + M) - (L + W_p^T)]}{\sum\limits_j W_j^p + \sum\limits_j W_j^s} \tag{3-26}$$

式（3-26）中，$\tilde{W}_p$ 为对角矩阵，主对角为 W_j^p，$W_j^p = W_j^p/(\sum\limits_i x_{ij} + W_j^s)$，$W_j^p = \beta_j P_j$；$\beta_j \in [\underline{\beta_j}, \overline{\beta_j}]$，表示 j 部门的激励强度；$W = \sum\limits_j W_j^p + \sum\limits_j W_j^s$ 表示组织总薪酬。$I_0 = (1,1,\cdots,1)_{1\times n}$，$Z = [I - (I + \tilde{W}_p)\hat{A}_c]^{-1}$，

$L = W_s^T + Q^T + D^T$，$Q = [\sum\limits_i x_{i1} \cdots \sum\limits_i x_{ij} \cdots \sum\limits_i x_{in}]$，

$$M = W_s^T + D^T + S^T + T^T = \begin{bmatrix} M_1 \\ \cdots \\ M_i \\ \cdots \\ M_n \end{bmatrix}。$$

2. 效用表示

设 $U(W)$、$U(\gamma)$、$U(\lambda)$ 分别表示员工薪酬、全员劳动生产率、组织劳动效益的效用值。令 $W_{\min}$ 为部门个体薪酬最低期望值，$W_{\max}$ 为部门个体薪酬最高期望值，则有：

$$U(W) = \frac{(W - W_{\min})}{(W_{\max} - W_{\min})}, \quad W \in [W_{\min}, W_{\max}]$$

显然 $0 \leqslant U(W) \leqslant 1$，且函数 $U(W)$ 满足：

（1）当 $W = W_{\max}$ 时，$U(W) = 1$ 最大；

当 $W = W_{\min}$ 时，$U(W) = 0$ 最小；

（2）$U'(W) = \dfrac{1}{(W_{\max} - W_{\min})} > 0$，所以 $U(W)$ 是 W 的单调递增函数；

（3）当 $W < W_{\max}$ 时，表示受激励者的最高期望值高于现实值，激励者需要从 $[W_{\min}, W_{\max}]$ 中寻找到 W^*，使 $U(W^*) > U(W)$。

同理可得效用函数 $U(\lambda)$、$U(\gamma)$ 的表达形式。

令 $\lambda_{\min}$ 为组织全员劳动生产率的最低期望值，$\lambda_{\max}$ 为组织全员劳动生产率的最高期望值，则有：

$$U(\lambda) = \frac{(\lambda - \lambda_{\min})}{(\lambda_{\max} - \lambda_{\min})}, \quad \lambda \in [\lambda_{\min}, \lambda_{\max}], \ 0 \leqslant U(\lambda) \leqslant 1。$$

令 $\gamma_{\min}$ 为组织劳动效益的最低期望值，$\gamma_{\max}$ 为组织劳动效益的最高期望值，则有：

$$U(\gamma) = \frac{(\gamma - \gamma_{\min})}{(\gamma_{\max} - \gamma_{\min})} \quad , \quad \gamma \in [\gamma_{\min}, \gamma_{\max}] \ , \ 0 \leqslant U(\gamma) \leqslant 1 。$$

第四节　系统激励量化模型

基于以上分析，在薪酬研究的范畴中，以问题为导向，选择适当的技术和量化指标，可建立系统激励量化模型，即系统激励 QUA 模型。量化模型与结构模型有明显的区别，结构模型用于激励问题的定性分析，量化模型则用于对激励问题的定量分析。

下面建立系统激励的两个量化模型，即"激励强度与效用关系模型"和"激励强度确定模型"。其中，"激励强度与效用关系模型"用于研究薪酬激励强度与个体激励效用、组织激励效用的关系；"激励强度确定模型"用于部门最佳激励强度的确定。

一、激励强度与效用关系模型

1. 模型

本书以部门个体作为研究对象，部门个体的个体效用以 $U(W)$ 表示；组织效用以 $U(\lambda)$ 和 $U(\gamma)$ 两个指标表示。模型表示如下：

$$\begin{cases} U(W) \\ U(\lambda) = \\ U(\gamma) \end{cases}$$

$$\left\{\begin{array}{l} \left[\left(m_j w_j^s + \beta_j \sum_{k=1}^{5} p_j^k m_j^k\right) - W_{\min}\right] / (W_{\max} - W_{\min}) \\[3mm] \left(\dfrac{I_0\left[I - (I + \tilde{W}_p)\hat{A}_c\right]^{-1}\left[(I + \tilde{W}_p)W_s^T + D^T + S^T + T^T\right]}{N} - \lambda_{\min}\right) / \\[3mm] (\lambda_{\max} - \lambda_{\min}) \\[3mm] \left(\dfrac{I_0\left[Z.(\tilde{W}_p W_s^T + M) - (L + W_p^T)\right]}{\sum\limits_j W_j^p + \sum\limits_j W_j^s} - \gamma_{\min}\right) / (\gamma_{\max} - \gamma_{\min}) \end{array}\right.$$

$$(3-27)$$

式(3-27)中，$W_{\min}$ 为部门个体薪酬的最低期望值，$W_{\max}$ 为部门个体薪酬的最高期望值；$\lambda_{\min}$ 为组织全员劳动生产率的最低期望值，$\lambda_{\max}$ 为组织全员劳动生产率的最高期望值；$\gamma_{\min}$ 为组织劳动效益的最低期望值，$\gamma_{\max}$ 为组织劳动效益的最高期望值。

其中，$m_j w_j^s + \beta_j \sum_{k=1}^{5} p_j^k m_j^k$ 表示部门个体薪酬；$\tilde{W}_p$ 为对角矩阵，主对角为 W_j^p，$W_j^p = \beta_j P_j$，$\beta_j \in \left[\underline{\beta_j}, \overline{\beta_j}\right]$，表示 j 部门的激励强度；$\sum_j W_j^p + \sum_j W_j^s$ 表示组织薪酬总值；n 表示组织全部职工平均人数；$I_0 = (1,1,\cdots,1)_{1 \times n}$；$D^T$、$T^T$、$S^T$、$W_s^T$ 表示固定资产折旧、生产税净额、营业盈余、固定薪酬矩阵的转置矩阵；$\hat{A}_c$ 表示直接消耗系数对角矩阵。

式中，$Z = \left[I - (I + \tilde{W}_p)\hat{A}_c\right]^{-1}$，$L = W_s^T + Q^T + D^T$

$$Q = \left[\begin{array}{cccc} \sum_i x_{i1} & \cdots & \sum_i x_{ij} & \cdots & \sum_i x_{in} \end{array}\right],$$

$$M = W_s^T + D^T + S^T + T^T = \begin{bmatrix} M_1 \\ \cdots \\ M_i \\ \cdots \\ M_n \end{bmatrix},$$

$$\tilde{W}_p = \begin{bmatrix} \dfrac{W_1^p}{\sum_i x_{i1} + W_1^s} & \cdots & & & 0 \\ & & \cdots & & \\ \cdots & & \dfrac{W_j^p}{\sum_i x_{ij} + W_j^s} & & \cdots \\ & & & \cdots & \\ 0 & & \cdots & & \dfrac{W_n^p}{\sum_i x_{in} + W_n^s} \end{bmatrix},$$

$$\hat{A}_c = \begin{bmatrix} \sum_i a_{i1} & & & 0 \\ & \sum_i a_{i2} & & \\ & & \cdots & \\ 0 & & & \sum_i a_{in} \end{bmatrix}$$

2. 数理分析

本节对激励强度与效用的关系进行数理分析。以下为单部门分析,多部门分析我们将在未来研究中进行。

（1）激励强度与组织总产出

由定义可知,在有效激励强度范围内,部门激励强度增加将带动该部门个体的劳动积极性,提升部门业绩。

已知 j 部门有效激励强度范围为 $[\underline{\beta_j}, \overline{\beta_j}]$,部门个体平均固定薪酬为 w_j^s,有 $\beta_j^1, \beta_j^2 \in [\underline{\beta_j}, \overline{\beta_j}]$,且 $\beta_j^1 > \beta_j^2$。令 X 为组织总产出,并记对应于 j 部门激励强度 β_j^1, β_j^2 的组织总产出为 X^{P1}、X^{P2},我们有以下激励强度与组织总产出的关系。

定理1　在有效激励强度区间内,部门个体固定薪酬不变时,随激励强度增加,组织总产出增加。[①]

（2）激励强度与个体效用

设 j 部门薪酬总值为 W_j,当部门个体固定薪酬不变时,令个体最低薪酬期望值为 $W_{\min}$,员工最高薪酬期望值为 $W_{\max}$,部门个体激励效用表示为：

$$U(W) = \frac{(W - W_{\min})}{(W_{\max} - W_{\min})}, \quad W \in [W_{\min}, W_{\max}] \qquad (3\text{-}28)$$

已知部门总薪酬 W_j,表示为：$W_j = W_j^s + W_j^p = m_j w_j^s + \beta_j P_j$。

实际上,个体获得薪酬为最低薪酬期望值时的实际效用可能并不为0,但当等于或小于市场最低薪酬时个体难以留存,将其激励效用看作零是可行的。同时,将最低效用设置为0,不会影响对效用值的比较分析,也使该效用值和其他效用分析的指标处于同一量化数值范围内,具有可比性。

以下对激励强度进行分类讨论,即从有效激励强度和无效激励强度讨论个体的激励效用。

---

① 命题证明略。

①有效激励强度范围：$\beta_j \in \left[\underline{\beta_j}, \overline{\beta_j}\right]$。在该范围内有结论：

定理 2　在有效激励强度范围内，当个体固定薪酬不变时，随激励强度增加，个体激励效用增加。

因此，在有效激励强度区间内，当部门个体固定薪酬不变时，个体薪酬 W 随激励强度的增大而增大，个体薪酬激励效用 $U(W)$ 随激励强度的增大而增大。也就是说，在有效激励强度区间内，激励强度越大，个体激励效用越大。

②无效激励强度范围：$\beta_j \in \left(\overline{\beta_j}, \; 1\right]$

在无效激励强度范围内，个体业绩随激励强度变化有两种情况。一是随激励强度增加，部门个体总业绩不变，即个体选择可达成业绩不变；二是随激励强度增加，部门个体总业绩下降，即个体选择可达成业绩降低。从研究假设来看，个体是理性的，当固定薪酬不变时，在高激励强度下维持业绩比降低业绩更理性。维持业绩个体成本不变，但高激励强度会带来更高变动薪酬，带来个人更高效用。因此，下面仅就激励强度增加，个体总业绩不变的情况进行讨论。

命题：在无效激励范围内，当个体固定薪酬不变时，随激励强度增加，个体激励效用增加。

因此，在无效激励强度范围内，当部门个体固定薪酬不变时，个体业绩不随激励强度的增加而变化。若组织给予个体更高激励强度（大于 $\overline{\beta_j}$），则有激励强度越大，个体激励效用越大。同理可证，在 $\beta_j^1, \beta_j^2 \in \left[0, \underline{\beta_j}\right]$ 时，当部门个体固定薪酬不变时，随激励强度增加，个体激励效用增加。总之，无论在有效激励强度还是无效激励强度区间内，薪酬激励强度的增加总能给个体带来更高的激励效用。

（3）激励强度与组织效用

首先分析全员劳动生产率。本节分析在有效激励范围内，当个体固定薪酬不变时，随激励强度增加，全员劳动生产率变化情况。

定理3　在有效激励强度内，当固定薪酬不变时，随激励强度的增加，全员劳动生产率增加，组织的全员劳动生产率效用值增加。

其次分析劳动效益。前面提到并非劳动生产率越高，企业的经营就越好。组织对激励效用的衡量不能仅参照生产率指标，还必须参考劳动效益指标。下面就劳动效益与激励强度的关系进行分析。

$$\gamma = I_0 [Z(\tilde{W}_p W_s^T + M) - (L + W_p^T)] / W \tag{3-29}$$

式（3-29）中，$I_0 = (1,1,\cdots,1)_{1\times n}$；$W = \sum_j W_j^p + \sum_j W_j^s$，表示组织薪酬总值；$\sum_j W_j^s$ 表示固定薪酬总值；$\sum_j W_j^p$ 表示变动薪酬总值。劳动效益的经济意义为单位薪酬的组织净产出，即单位投入带来的组织收益。

单部门变动薪酬矩阵为：

$$\tilde{W}_p = \begin{bmatrix} 0 & & & & 0 \\ & \cdots & & & \\ & & w_{pj} & & \\ & & & \cdots & \\ 0 & & & & 0 \end{bmatrix} = \begin{bmatrix} 0 & \cdots & & & 0 \\ & & \dfrac{W_j^p}{\sum_i x_{ij} + W_j^s} & & \\ & & & & \cdots \\ 0 & & & & 0 \end{bmatrix}$$

设 $\beta_j^1, \beta_j^2 \in [\underline{\beta_j}, \overline{\beta_j}]$，且 $\beta_j^1 > \beta_j^2$，

令对应于 β_j^1 和 β_j^2 的变动薪酬矩阵为 $\tilde{W}_{p1}$ 和 $\tilde{W}_{p2}$；

令 $[I - (I + \tilde{W}_{p1})\hat{A}_c]^{-1} = Z_1$，$[I - (I + \tilde{W}_{p2})\hat{A}_c]^{-1} = Z_2$，
因为 $\beta_j^1 > \beta_j^2$

所以 $[I - (I + \tilde{W}_{p1})\hat{A}_c]^{-1} > [I - (I + \tilde{W}_{p2})\hat{A}_c]^{-1}$。

令对应于 β_j^1 和 β_j^2 的劳动效益为 γ^1 和 γ^2，则有：

$$\gamma^1 = \frac{I_0[Z_1(\tilde{W}_{p1}W_s^T + M) - (L + W_{p1}^T)]}{\sum_j W_j^{p1} + \sum_j W_j^s}$$

$$\gamma^2 = \frac{I_0[Z_2(\tilde{W}_{p2}W_s^T + M) - (L + W_{p2}^T)]}{\sum_j W_j^{p2} + \sum_j W_j^s}$$

$$\frac{\gamma^1}{\gamma^2} = \frac{I_0[Z_1(\tilde{W}_{p1}W_s^T + M) - (L + W_{p1}^T)] \left(\sum_j W_j^{p2} + \sum_j W_j^s\right)}{I_0[Z_2(\tilde{W}_{p2}W_s^T + M) - (L + W_{p2}^T)] \left(\sum_j W_j^{p1} + \sum_j W_j^s\right)}$$

变形为：$$\frac{\gamma^1}{\gamma^2} = \frac{I_0[Z_1\tilde{W}_{p1}W_s^T + Z_1M - L - W_{p1}^T] \left(\sum_j W_j^{p2} + \sum_j W_j^s\right)}{I_0[Z_2\tilde{W}_{p2}W_s^T + Z_2M - L - W_{p2}^T] \left(\sum_j W_j^{p1} + \sum_j W_j^s\right)}$$

有 $\left(\sum_j W_j^{p2} + \sum_j W_j^s\right) < \left(\sum_j W_j^{p1} + \sum_j W_j^s\right)$

但 $I_0[Z_1\tilde{W}_{p1}W_s^T + Z_1M - L - W_{p1}^T]$ 与 $I_0[Z_2\tilde{W}_{p2}W_s^T + Z_2M - L - W_{p2}^T]$ 无法比较大小，其值与矩阵 W_s、$\tilde{W}_p$、$\hat{A}_c$、M 的具体数值相关。由于无法判定 γ^1/γ^2 的比值，所以无法确定在激励强度增加时，组织劳动效益的变化情况。组织劳动效益受部门经济技术关系、部门薪酬、资产折旧等因素影响。

同理可分析组织利润与激励强度的关系。

设 $\beta_j^1, \beta_j^2 \in [\underline{\beta_j}, \overline{\beta_j}]$，且 $\beta_j^1 > \beta_j^2$，令对应于 β_j^1 和 β_j^2 的变动薪酬矩阵为 $\tilde{W}_{p1}$ 和 $\tilde{W}_{p2}$，对应于 β_j^1 和 β_j^2 的组织利润为 χ^{p1} 和 χ^{p2}，有：

$$\chi^{p1} = I_0 [Z_1 (\tilde{W}_{p1} W_s^T + M) - (L + W_{p1}^T)]$$

$$\chi^{p2} = I_0 [Z_2 (\tilde{W}_{p2} W_s^T + M) - (L + W_{p2}^T)]$$

$$\frac{\chi^{p_1}}{\chi^{p_2}} = \frac{I_0 (Z_1 \tilde{W}_{p1} W_s^T + Z_1 M - L - W_{p1}^T)}{I_0 (Z_2 \tilde{W}_{p2} W_s^T + Z_2 M - L - W_{p2}^T)}$$

由上式可知，无法判定两者比值关系、比值大小与矩阵 W_s、$\tilde{W}_p$、$\hat{A}_c$、M 的具体数值，以及是否受部门经济技术关系、部门薪酬、资产折旧等因素的影响。因此，组织利润与激励强度无确切关系。

综上所述，在有效激励强度范围内，当固定薪酬不变时，随着激励强度增加，个体效用、组织总产出和全员劳动生产率增加；但此时组织劳动效益却无法确定，它还受组织结构、固定薪酬和变动薪酬等因素的影响。由于组织效用包含全员劳动生产率和组织劳动效益，因而组织效用无法确定。

二、激励强度确定模型

研究假设二：组织是理性的。

组织是理性的，希望激励效用最大化。这里的激励效用包括个体激励效用和组织激励效用。前面对激励强度与效用关系模型的数理分析得到，随激励强度增加，个体效用增加，从全员劳动效率指标来看，组织效用增加，但从劳动效益指标来看，却不能确定组织效用的增减。由于组织效用衡量指标包括全员劳动生产率和劳动效益,所以无法确定组织效用的变化。也就是说,个体效用和组织效用的变化可能并不一致,两个目标存在冲突。并非激励强度越大,个体效用和组织效用就越大。因此,需要在一定的约束条件下,在有效的激励强度范围内确定适当的激励强度,以满足组织效用和个体效用最大化。因为涉及组织效用与个体效用两个目标的最大化问题,在这个多目标的决策过程中,我们需要用到多目标规划(Multi-Objective Programrning,MOP)来建立激励强度与效用的分析模型。实际问题中各种目标的背景和量纲往往是不一致的,因而不易进行方案间的比较。但前面对激励效用的定义既可帮助我们将不同量纲的全员劳动生产率、劳动效益、员工薪酬变换为可比值,也为进一步建立"激励效用确定模型"打下了基础。

决策者希望组织效用 $U(\lambda)$ 、$U(\gamma)$ 和个体效用 $U(W)$ 在一定的约束条件下达到较为理想的值。从个体角度而言,变动薪酬与固定薪酬之和应不小于市场该工种的最低薪酬水平(薪酬外部公平,激励参与约束);从组织角度而言,个体变动薪酬与固定薪酬之和应不大于市场该工种的最高薪酬水平。个体薪酬高于市场最低薪酬水平对提高员工的留存率、增加企业竞争力都具有良好的作用。

设 w 为该部门个体市场最低平均薪酬,保证员工薪酬不低于市场最低水平的参与条件为:

$$(m_j w_j^s + \beta_j \sum_{k=1}^{5} p_j^k m_j^k) - m_j \underline{w} \geq 0$$

设 $\overline{w}$ 为该部门员工市场最高平均薪酬。由于组织不希望自己所付出成本高于市场最高薪酬,因此组织愿意采纳的激励强度的约束条件为：

$$m_j \bar{w} - \left(m_j w_j^s + \beta_j \sum_{k=1}^{5} p_j^k m_j^k \right) \geq 0$$

以上两个约束条件可以保证薪酬的外部公平性，并对组织薪酬成本进行合理控制。同时，为确保决策者在决策中不过于偏向个别指标，对三个效用值限定了最低值，即这三个效用值不得分别低于 k_1、k_2、k_3。最后，在有效激励强度范围内 $[\underline{\beta_j}, \overline{\beta_j}]$ 得到多目标优化问题模型。

$$\min \begin{cases} -\left[\left(m_j w_j^s + \beta_j \sum_{k=1}^{5} p_j^k m_j^k \right) - W_{\min} \right] / (W_{\max} - W_{\min}) \\ \\ -\left(\dfrac{I_0 \left[I - (I + \tilde{W}_p) \hat{A}_c \right]^{-1} \left[(I + \tilde{W}_p) W_s^T + D^T + S^T + T^T \right]}{N} - \lambda_{\min} \right) \\ / (\lambda_{\max} - \lambda_{\min}) \\ \\ -\left(\dfrac{I_0 \left[Z(\tilde{W}_p W_s^T + M) - (L + W_p^T) \right]}{\sum_j W_j^p + \sum_j W_j^s} - \gamma_{\min} \right) / (\gamma_{\max} - \gamma_{\min}) \end{cases}$$

$$(3-30)$$

$$\text{s.t.} \quad m_j \bar{w} - \left(m_j w_j^s + \beta_j \sum_{k=1}^{5} p_j^k m_j^k \right) \geq 0$$

$$\left(m_j w_j^s + \beta_j \sum_{k=1}^{5} p_j^k m_j^k \right) - m_j \underline{w} \geq 0$$

$$U(\gamma) \geq k_1, \ U(\lambda) \geq k_2, \ U(W) \geq k_3$$

$$\underline{\beta_j} \leq \beta_j \leq \overline{\beta_j}$$

式(3-30)中，

$$U(\gamma) = \frac{\gamma - \gamma_{\min}}{\gamma_{\max} - \gamma_{\min}}$$

$$\gamma = \frac{I_0 [Z (\tilde{W}_p W_s^T + M) - (L + W_p^T)]}{W}$$

$$W = \sum_j W_j^p + \sum_j W_j^s , \ I_0 = (1 , 1 , \cdots , 1)_{1 \times n}$$

$$Z = [I - (I + \tilde{W}_p) \hat{A}_c]^{-1}$$

$$L = W_s^T + Q^T + D^T$$

$$Q = \Big[\sum_i x_{i1} \cdots \sum_i x_{ij} \cdots \sum_i x_{in} \Big]$$

$$M = W_s^T + D^T + S^T + T^T = \begin{bmatrix} M_1 \\ \cdots \\ M_i \\ \cdots \\ M_n \end{bmatrix}$$

$$U (\lambda) = \frac{\lambda - \lambda_{min}}{\lambda_{max} - \lambda_{min}}$$

$$\lambda = \frac{I_0 [I - (I + \tilde{W}_p) \hat{A}_c]^{-1} [(I + \tilde{W}_p) W_s^T + D^T + S^T + T^T]}{N}$$

$$U (W) = \frac{W - W_{min}}{W_{max} - W_{min}}$$

$$\tilde{W}_p = \begin{bmatrix} 0 & & & & 0 \\ & \ddots & & & \\ & & \dfrac{W_j^p}{\sum_i x_{ij} + W_j^s} & & \\ & & & \ddots & \\ 0 & & & & 0 \end{bmatrix} =$$

$$
\begin{bmatrix}
0 & & & & & 0 \\
& \ddots & & & & \\
& & \dfrac{\beta_j p_j}{\displaystyle\sum_i x_{ij} + W_j^s} & & & \\
& & & & \ddots & \\
0 & & & & & 0
\end{bmatrix}
$$

$$
\hat{A}_c =
\begin{bmatrix}
\displaystyle\sum_i a_{i1} & & & 0 \\
& \displaystyle\sum_i a_{i2} & & \\
& & \cdots & \\
0 & & & \displaystyle\sum_i a_{in}
\end{bmatrix}
$$

D^T、T^T、S^T 分别表示固定资产折旧、生产税净额、营业盈余行矩阵的转置矩阵；W_s^T 为个体固定薪酬行矩阵的转置矩阵；$\underline{w}$ 和 $\overline{w}$ 分别表示该部门个体市场最低平均薪酬、市场最高平均薪酬。

我们将在第六章的实证研究中给出该模型的解法,并利用它测定部门最佳激励强度。

当前对薪酬激励强度的研究集中于特殊群体——经理人,对组织内部一般个体的研究仍需深入。考虑到概念模型主要用于要素及要素关系的定性分析,难以掌握要素之间的量化关系,本章针对一般个体,在薪酬激励研究范畴中,以系统激励 ISM 模型为基础,以激励强度问题为导向,建立系统激励量化模型,将其用于激励强度有效性的双角度讨论,用于激励强度与组织激励效用、个体激励效用关系的数理分析和实证研究。

本章在薪酬激励研究范畴中,以激励强度为问题导向,选择适当的技术,建立了系统激励量化模型(系统激励 QUA 模型)。构建的量化模型包括激励强度与效用关系模型、激励强度确定模型。

首先,根据系统激励 ISM 模型,分析组织进行薪酬管理的过程,继而研究各结构要素之间的量化关系。在激励强度与效用关系模型建立过程中,有了激励强度与个体业绩的量化关系后,若能建立个体业绩与组织业绩的量化关系,则可建立起激励强度与组织业绩的关系。但是,在组织激励子系统中个体业绩与组织业绩之间很难找到直接的量化方式。通过对投入产出技术特点的分析,本书确定采用该技术,利用中间变量解决个体业绩与组织业绩之间的量化问题。鉴于投入产出外生基础模型对变动薪酬的外生化处理得不够合理,对外生模型进行改进,将其内生化得到内生型投入产出模型,并确定使用投入产出内生型模型Ⅱ进行建模。

其次,对文献进行研究,讨论了激励效用测度理论,确定了本书衡量个体激励效用、组织激励效用的指标和量化方法。

再次,建立了激励强度与效用关系模型,并对模型进行数理分析。数理分析得到结论:在有效激励强度区间内,当固定薪酬不变时,随激励强度增加,组织总产出增加,个体激励效用越大,组织全员劳动生产率效用值增加。但组织劳动效益效用值与激励强度无确切关系,受部门经济技术关系、部门薪酬、资产折旧等因素的影响。由于组织效用包含全员劳动生产率和组织劳动效益,因而组织效用无法确定。

最后,基于激励强度与效用关系模型和多目标规划建立激励强度确定模型,该模型用于部门最佳激励强度的确定。

第四章　基于薪酬的系统激励动力学模型

在真实系统中,时滞分析涉及的时间要素无法用数学关系或数学方法进行求解。而利用仿真实验可以像观察、测试真实系统那样,在系统激励动力学模型中得到系统随时间而变化的情况。本着双角度讨论薪酬激励系统时滞有效性的目的,本章以系统激励 ISM 模型为基础,在薪酬激励的研究范畴中,使用动态结构化技术——系统动力学,建立系统激励动力学模型,用于薪酬激励系统时滞与组织激励效用、个体激励效用关系的研究。

第一节　模型初设

不断增强的环路(reinforcing feedback)、反复调节的环路(balancing feedback)与"时间滞延"(times delay)是系统结构分析的三个基本元件。[①] 从这三个基本元件出发,可以有效地分析激励措

---

① ［美］彼得·圣吉:《第五项修炼——学习型组织的艺术与实务》,郭进隆译,上海三联书店 2002 年版,第 73—81 页。

施在确定系统结构下的行为。因为信息和物质传递需要一定的时间,于是就带来了原因和结果、输入和输出、发送和接收等之间的滞后。对组织激励系统时滞的研究会让我们更充分地了解系统未来的行为,以便进一步确定系统结构,为制定合理的薪酬政策提供依据。

从激励系统来看,个体努力与努力结果的不一致不仅表现在期望值和实际值的差异上,也表现在努力与努力结果达成的时间之差上,即输入和输出、原因和结果之间存在时滞。在激励过程中,个体行为对企业业绩、价值的影响通常需要经过一定的时间才能显现出来。

在第二章中,本书根据系统激励 ISM 模型将激励系统的时滞分为个体业绩达成时滞(个体努力到个体业绩达成之间的时滞)、薪酬调整时滞(个体业绩到组织薪酬调整之间的时滞)、组织业绩达成时滞(个体业绩到组织业绩之间的时滞)①。由于个体业绩达成时滞、薪酬调整时滞、组织业绩达成时滞的存在,系统中隐含了大量的不确定信息,导致了个体激励效用与组织激励效用的不确定性。掌握这三种时滞与组织激励效用、个体激励效用的关系可为管理者制定薪酬政策提供科学的依据。

一、研究目的及系统边界

系统动力学(System Dynamics,SD)是美国麻省理工学院弗雷斯特(Forrester)教授提出来的研究系统动态行为的一种计算机仿真技术。系统动力学综合应用控制论、信息论和决策论等有关理论和方法,建立系统激励动力学模型,以电子计算机为工具,进行

---

① 贝克所言业绩指标的时限就是前面我们在系统激励模型中分析的第三种时滞——组织业绩达成时滞,即组织对个体机会主义感知的时间滞后。

仿真实验,所获得的信息用来分析和研究系统结构和行为,为正确决策提供科学的依据。

系统动力学分析需建立用于研究的系统激励动力学模型(SD模型),而该模型的建立又需要研究者根据研究目的将客观实际的系统进行简化和抽象。本节将根据分析需求确定系统边界,运用系统激励 ISM 模型绘制出系统因果图,为建立系统激励动力学模型打下基础。

本章的研究目的是探讨组织激励系统中不同时滞对组织激励效用、个体激励效用的关系。利用 A 公司数据,对公司薪酬激励系统进行实验研究。在明确的研究目的指导下,研究分为 3 步:

(1)对"对象环"①中个体业绩达成时滞与个体激励效用的关系进行分析;

(2)对"对象环"中薪酬调整时滞与个体激励效用的关系进行分析;

(3)对"对象环"和"组织环"中组织业绩时滞与组织激励效用、个体激励效用的关系进行分析。

根据以上研究步骤,确定系统模型的边界。对于第一个、第二个问题,讨论的重点在于时滞与个体激励效用的关系,研究集中在个体,可将个体作为封闭的子系统考虑。对于第三个问题,讨论的重点在于时滞与组织激励效用、个体激励效用的关系,研究从组织、个体两个角度进行分析。同时,对于第三个问题,讨论的范畴还应扩展到客户。因为个体所提供的服务或达成的业绩在很大程度上依赖于客户的评价。因此在个体业绩向组织业绩转化的过程

---

① 见第二章。由于"组织环"包含于"对象环",所以单独考虑"对象环"时,会剔除组织环中的某些因素。

中,服务的"质"与"量"对组织而言都具有重要的意义,即组织业绩与个体业绩的"量"有关,也与个体业绩的"质"有关。

系统边界见图 4-1。系统的过程是组织激励个体,个体推动组织目标的实现;客户与组织交易并产生评价,组织根据客户评价调整对员工的薪酬策略,改进客户服务。

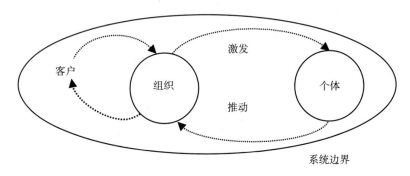

图 4-1 系统边界

二、因果图与环路

明确系统边界,需利用系统激励 ISM 模型确定出系统要素,绘制系统因果关系图,见图 4-2。图中可见反馈回路:

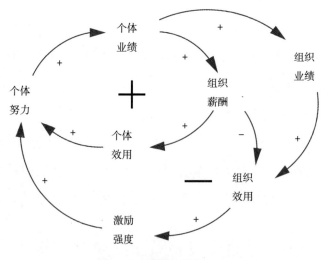

图 4-2 因果关系图(一)

正反馈回路(1)：个体努力→个体业绩→组织薪酬→个体效用→个体努力；

正反馈回路(2)：个体努力→个体业绩→组织业绩→组织效用→激励强度→个体努力；

负反馈回路(3)：个体努力→个体业绩→组织薪酬→组织效用→激励强度→个体努力。

正反馈回路(1)说明，个体努力的增加将提升个体业绩，给个体带来更高的组织薪酬，从而更好地满足个体效用，促使个体更加努力地工作；正反馈回路(2)说明，个体努力的增加将提升个体业绩，个体业绩提升带来更高的组织业绩，促进了组织效用的增加；负反馈回路(3)说明，个体努力的增加将提升个体业绩，给个体带来更高的组织薪酬，而随着组织薪酬的增加，组织效用呈现下降趋势。

三、系统基模

系统基模(systems archetype)是用增强环路、调节环路、时间滞延构建起来的，是学习如何发现生活中个体与组织结构的关键所在。运用系统基模可以发现各类管理问题的共通性，本节根据系统因果图就激励系统基模进行分析。

首先，提炼出增强环路，见图4-3(a)。由图可知，"对象环"中个体努力→个体业绩，个体业绩→组织薪酬，组织薪酬→个体效用，个体效用→个体努力均为正因果关系，由此构成了由个体努力带来的个体效用增强环路。系统动力学中，增强环路常用"滚雪球"图形来表示。

其次，提炼出组织效用"调节环路"，见图4-3(b)。由图可

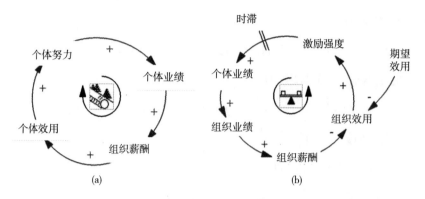

图 4-3　增强环路和调节环路

知,组织环中,组织业绩→组织薪酬,组织效用→激励强度,激励强度→个体业绩,个体业绩→组织业绩为正因果关系;组织薪酬→组织效用为负因果关系。调节系统会自我修正,以达到维持组织效用的目标。调节环路影响所有目标导向的行为。系统动力学中,调节环路常常以"天平"图形来表示。

图 4-4 是组织业绩"成长上限"(limits to growth)基模。尽管增强环路促使组织业绩快速成长,却在触动一个抑制业绩成长的调节环路"组织效用调节环路",从而使业绩成长缓慢、停顿或下滑。

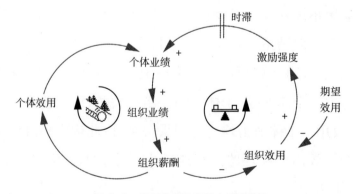

图 4-4　组织业绩"成长上限"基模

"成长上限"问题在公司管理中普遍存在。系统初始,组织激励个体以提升个体业绩;个体业绩的提升带动了组织业绩的提升,也带动了组织薪酬的增加。由于个体能力的限制,继续提升个体业绩需要个体付出更大的成本,需要组织更大强度的激励,也就是组织需要付出更多的薪酬。组织效用随组织薪酬的增加而不断降低,导致组织不得不减小激励强度。组织激励强度减小对个体业绩带来影响,导致组织业绩的下降。因此,希望通过激励来提升组织业绩是有一个"成长上限"的,即组织期望效用。对"成长上限"问题的解决办法是要找到调节环路的杠杆解,也就是要找到组织效用的隐含目标,这个目标可能限制了系统的持续改善。同时,必须注意到"成长上限"仍有一个重要的概念:上限之外仍有上限。

"成长上限"提醒管理者,以不断增加激励强度来提升业绩的方法是有限的,最终会因为组织效用的限制而停止增长。这个分析与前面量化讨论的结论一致,高激励强度意味着组织劳动效益的降低,组织为了维持自身效用,不会以不断加强激励强度的方法来换取高产。

第二节 个体业绩达成时滞

系统因果图与环路分析为建立系统激励动力学模型打下了基础,以下将根据具体问题建立系统激励动力学模型和系统方程,并在后面的章节中进行实验研究[①]。

————————————

① 建模数据来自 A 公司。

在激励过程中,从个体努力到个体业绩达成需要时间,存在个体业绩达成时滞,必然导致个体当期努力滞后反馈到个体业绩中,某些行业该问题非常突出。例如保险业营销人员在个体努力到个体业绩达成之间的时间滞延少则半年,多则几年。个体努力培养客户保险意识,启发客户购买保险,培养客户对营销人员的信任需要一段较长的时间。由于个体当期努力得不到及时的补偿,出现了努力与报偿的不合理现象,导致个体对薪酬的期望值与现实值存在较大差距。个体业绩达成时滞如何影响个体激励效用?本节就该问题建立系统激励动力学模型。

一、系统激励 SD 模型 I

在 A 公司中,营销人员个体努力到个体业绩达成之间存在明显的时滞。原因在于,个体努力到客户满意(不满意)反馈之间需要时间,这个时滞短则几天,长则几个月;个体能力的培养需要时间等。由于,这些时间要素不可预知,个体努力到个体业绩提升之间存在不可避免的时滞。

系统激励动力学模型的基本构成为流、水准、速率、滞后、参数、辅助变量以及源和汇。首先对"对象环"中业绩达成时滞对个体效用的影响进行分析,在因果图的基础上建立系统激励动力学模型 I(系统激励 SD 模型 I),见图 4-5。反馈环路中存在两个流的过程:其中,业绩流是个体努力工作带来的,反映了个体努力带来的业绩;信息流反映了个体对组织薪酬的满意度。

模型中,个体业绩受个体努力影响。个体努力是个体根据组织激励政策、自身能力以及相关信息综合因素决定的。个体努力

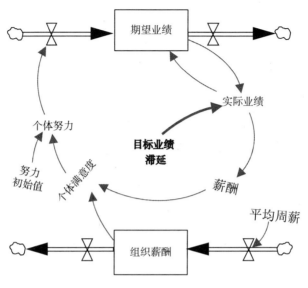

图 4-5 系统激励 SD 模型 I

作为速率(rate)调整个体的业绩,即在不同的努力下,个体达成相应的期望业绩。个体期望业绩为水准变量,是不考虑时滞情况下个体的即时业绩。由于个体努力与个体业绩达成存在时间滞延,所以实际表现出来的业绩(实际业绩)与个体期望业绩并不一致。个体努力与达成期望的业绩之间存在时滞,用"目标业绩滞延"来表示,滞延的信息流在图中用粗箭头标示出。事实上,期望业绩决定实际业绩的信息,而实际业绩反过来也影响了期望业绩。同时,个体实际业绩决定了辅助变量——薪酬。由图的下方可见,速率变量"平均周薪"和水准变量"组织薪酬"。组织薪酬反映的是该公司若按市场平均周薪水平支付,应支付给部门个体的薪酬;个体满意度是个体实际业绩所获薪酬与组织薪酬之比,即个体激励效用。从图的左边可见,个体满意度影响了个体的努力,改变个体努力的初始值。

二、系统方程

由第三章分析可知,在有效激励强度范围内,激励强度越大,个体努力程度越高,个体业绩越大,激励强度与个体努力具有一致性。因此,在有效激励强度范围内,可将激励强度与个体努力视为同一变量。A 公司样本调查数据显示,营销部人员在有效激励强度范围内($[0,0.7]$)的业绩随激励强度的增加而增加,因此在该激励强度范围内,将个体努力和激励强度变量视为同一变量。

建立系统方程需确定其中的参数。由于系统方程中确定的时间步长为周,所以通过拟合激励强度与个体周业绩的关系来确定激励强度与业绩的函数关系。利用上一章得到的 A 公司数据,将个体努力(激励强度) x 与个体周业绩 y 的数据拟合,建立 10 次二次项数据拟合方程:

$$y = (7.8434e + 006) \times x^{10} - (2.2237e + 007) \times x^{9} + (2.2158e + 007) \times x^{8} - (7.0256e + 006) \times x^{7} - (2.3903e + 006) \times x^{6} + (2.0219e + 006) \times x^{5} - (2.9358e + 005) \times x^{4} - 51040 \times x^{3} + 19069 \times x^{2} + 4189.7 \times x + (4.7846e + 005)$$

建立系统的结构方程,主要内容为:建立包含期望业绩、目标业绩滞延变量的实际业绩函数;建立包含期望薪酬、组织薪酬变量的个体满意度函数;建立包含个体努力、调整业绩变量的期望业绩函数;设置初始时间和最终时间;设置时间步长等。

第三节　薪酬调整时滞

系统激励 SD 模型 I 考虑了在薪酬激励系统中,个体业绩达成时滞对个体满意度的影响。实际上,在系统中还存在薪酬调整时滞,本节将考虑这两种时滞对薪酬激励系统个体效用的影响。为适应分析需求,对系统模型进行改进。

一、系统激励 SD 模型 Ⅱ

根据问题需要建立系统激励动力学模型Ⅱ(系统激励—SD 模型Ⅱ),见图 4-6。图中增加了调整薪酬、调整业绩、薪酬调整时滞。组织根据个体业绩发放薪酬的过程存在时滞,即组织需要时间考核个体并调整薪酬。这个时间可以以周、月、季度或年等为周期,代表了公司通过业绩考核调整个体薪酬的策略。组织对薪酬的调整影响了个体的期望业绩,图中增加的调整业绩指个体已获付酬的业绩减少了个体的期望业绩。

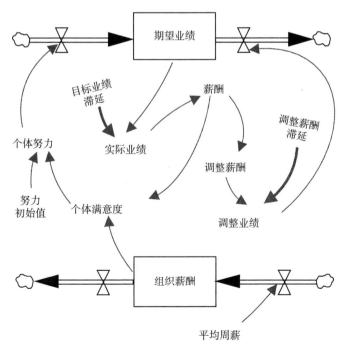

图 4-6 系统激励—SD 模型Ⅱ

二、系统方程

根据系统流程图建立系统方程,主要内容为:建立包含期望业绩、目标业绩滞延变量的实际业绩函数;建立包含期望薪酬、调整薪酬滞延变量的调整薪酬函数;建立调整业绩与调整薪酬之间的函数关系;建立实际业绩与薪酬之间的函数关系;建立包含期望薪酬、组织薪酬变量的个体满意度函数;建立包含个体努力、调整业绩变量的期望业绩函数;设置努力初始值;设置初始时间和最终时间;设置调整薪酬滞延的时间步长;设置时间步长等。

第四节　组织业绩达成时滞

系统激励 SD 模型 Ⅰ、系统激励 SD 模型 Ⅱ 是在个体范畴内讨论激励系统的时滞问题,系统激励 SD 模型 Ⅲ 将讨论范畴拓展到组织系统,考虑个体业绩与组织业绩的不一致性,将组织业绩与个人业绩之间的时滞(组织业绩达成时滞)考虑进去。

一、系统激励 SD 模型 Ⅲ

个体为了快速提升自我业绩,可以利用信息优势,采取各种非诚信的方式获取客户的支持,为自身带来高业绩,却无法提升组织价值,带来激励扭曲问题。一般而言,组织业绩是个体业绩的总和,但是在大多数情况下,这样的总和并非简单的求和。组织真实业绩应该是个体业绩中能够增加组织价值的那部分,即排除了个体对组织产生负效用的那部分业绩。组织业绩与组织真实业绩之间的差反映了激励扭曲的程度,两者差异越大,激励扭曲程度越大;反之越小。

在本节的分析中必须考虑 A 公司的具体行业,考虑服务业中决定组织产出的客户服务质量问题(外部效率)。A 公司组织系统中,个体业绩的提升必然会带来客户服务量的提升;客户服务量超过某一平均水平将导致客户服务质量的降低;服务质量与上座率之间存在正因果关系;上座率与组织业绩之间存在正因果关系;当实际客户服务质量低于组织期望客户质量时,组织会通过一系列方式来提升客户服务质量,以保证较高的上座率。基于以上系统认识,从组织激励效用和个体激励效用两个方面研究时滞带来的影响,根据问题建立系统因果关系图,如图 4-7 所示。

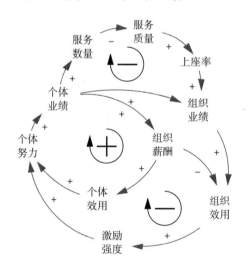

图 4-7　因果关系图(二)

根据因果图建立系统激励 SD 模型Ⅲ,见图 4-8。系统激励 SD 模型Ⅲ与模型Ⅱ的区别在于拓展了激励研究的系统范畴。首先引入了组织激励反馈系统。组织满意度是组织激励效用的显示变量,是组织真实业绩①与组织实际业绩的比。同时,组织真实业

---

①　组织真实业绩考虑了组织业绩的数量和质量,组织实际业绩仅考虑了组织业绩的数量。

绩与组织实际业绩的比值也显示了两者的差异,即激励扭曲的程度,因此,本分析中组织满意度同时也是激励扭曲程度的衡量指标。

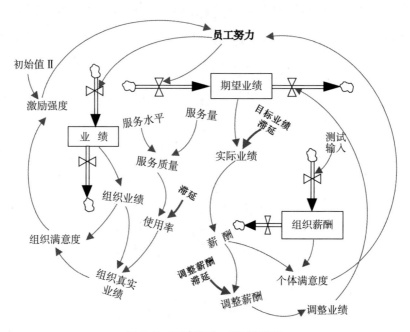

图 4-8　系统激励—SD 模型 III

对组织真实业绩的表示,本书用实际业绩与(座位)使用率的乘积①表示。由图可知,组织满意度影响了组织对激励强度的决策,继而影响了个体努力和个体业绩。

此外,引入了客户系统,增加的要素与因果图一致。个体业绩影响了个体的客户服务量,导致了服务质量的变化。当服务量超过平均服务水平时,服务质量将呈现下降趋势。在模型中,服务质量表示的是服务量与服务水平的关系。服务质量的变化影响了座位的使用率,而使用率对组织真实业绩产生影响。服务质量变化

――――――――――

① 这种表示可能未全面体现真实业绩的变化,将在后续研究中加以完善。

对座位使用率(客户上座率)的影响需要一段时间,即组织对个体机会主义感知存在时滞。组织业绩达成时滞图中表示为"滞延"。

二、系统方程

根据系统流程图建立系统方程,主要内容为:建立包含期望业绩、目标业绩滞延变量的实际业绩函数;建立包含期望薪酬、调整薪酬滞延变量的调整薪酬函数;建立包含个体满意度、激励强度变量的个体努力函数;建立包含期望薪酬、组织薪酬变量的个体满意度函数;建立包含个体努力、调整业绩变量的期望业绩函数;建立调整业绩与调整薪酬的函数关系;建立实际业绩与薪酬之间的函数关系;设置努力初始值;设置初始时间和最终时间;设置调整薪酬滞延的时间步长;设置时间步长等。

本章以双角度讨论薪酬激励系统时滞有效性为目的,以系统激励 ISM 模型为基础,在薪酬激励的研究范畴中,使用动态结构化技术——系统动力学技术,建立系统激励动力学模型(系统激励 SD 模型),用于研究薪酬激励系统时滞与组织激励效用、个体激励效用的关系。

首先,确定研究目的和系统边界;其次,根据系统激励 ISM 模型绘制系统因果图;最后,分别就激励系统中存在的个体业绩达成时滞、调整薪酬时滞、组织业绩达成时滞建立系统激励动力学模型,即系统激励 SD 模型 I、模型 II、模型 III,为后文模型的实验研究打下基础。

第五章　编制 A 公司投入产出平衡表

在系统激励 QUA 模型的建立中采用了投入产出技术,使用该模型对 A 公司进行量化分析必须编制 A 公司投入产出平衡表。投入产出表的真正价值在于它的应用,但是编制的过程需要付出大量的人力和物力。部分研究者不采纳投入产出技术进行系统分析的原因在于数据采集的困难和编制过程需要具备矩阵计算和处理能力的专业人员。本章就 A 公司投入产出表的编制过程作简单阐述。

第一节　背景介绍

一、公司简介

A 餐饮管理有限公司成立于 1999 年,是一家以海鲜、川菜为主营的餐饮民营股份制企业,现已是广州川菜界的知名品牌。从中国餐饮业 20 余年的发展阶段来看,A 公司起步于 20 世纪 90 年代中期,即餐饮业发展的规模型餐饮阶段;发展到 90 年代后期,即餐饮业品牌扩展阶段。公司发展的历程决定其在经营中一直保持着"规模化"的优势和"品牌化"的特色。在中国餐饮业高速增长的宏观形势下,公司的发展战略秉承"稳健拓展""品牌制胜"的理念。从第一家分店开业至今,发展了四家规模可观、各具特色的分店,分布于成都市西门、东门、南门主要饮食街区及周边市。

二、组织结构图及部门说明

公司组织结构图见图 5-1,说明如下:公司共有 4 个分店,每个分店下设 9 个部门,均由总经办统一管理。总经办的负责人为分店行政总厨,分店行政总厨受公司总经理直接管理。分店每个部门的主要工作职责如下:

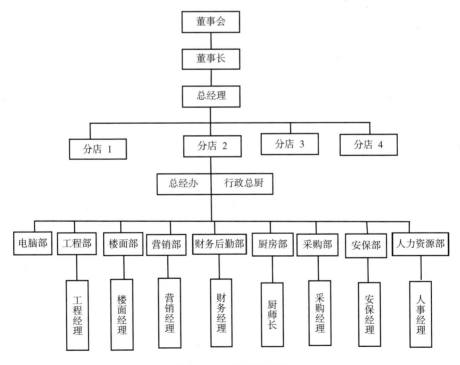

图 5-1　公司组织结构

电脑部:对公司及分公司电脑软、硬件及系统进行维护和管理;对公司所涉及的广告用品进行设计、跟踪制作;对收银员和有关使用电脑的人员进行培训和指导。

工程部:对公司所有机械设备、炉具、灶具、电器等进行维护、巡视、保养,保证营业时段的正常运转。

楼面部:在客人就餐时为其提供服务。根据营业需要分为不同的工种,包括迎宾、服务员、传菜员、吧员和什工。

营销部:向客户推介公司,根据客户需求推介菜品、酒水。

财务后勤部:作为公司的重要职能部门,对公司的营业款及成本、收支账目进行管理,根据有关数据进行财务分析。下设会计、出纳、校数、库管和收银员。

厨房部:公司所有菜品的出品部门。根据菜品的不同制作方法设有炉子、上什、烧腊、刺身、煎炸、点心各部门,辅助部门有墩子、打荷、水台等。

采购部:对公司所需要的物品进行采买及价格掌控,做好与供货商之间的工作衔接。

安保部:营业时对客人的车辆进行看守,负责公司财物的安全。

人力资源部:公司新进员工、离职员工的手续办理,员工档案管理,考勤管理,对员工进行公司规章制定的培训,为公司各部门提供人力资源服务。

总经办:负责对下属部门的行政事务管理,由行政总厨主持部门工作,直接向总经理报告(驾驶员按公司的要求和安排出车、收车)。

第二节　编表准备阶段

编制投入产出平衡表,必须对企业进行调查,涉及企业各个部门。为了准确高效地完成投入产出基本表的编制,本书将其分为三个阶段:准备阶段、数据调查与收集阶段、总表编制阶段,以下将简单阐述各阶段编表的具体工作。

一、编表目的

编表的目的是用于 A 公司管理和薪酬调控。首先,该表用于研究公司部门结构特征,明确公司中的重要部门;其次,该表用于研究部门薪酬激励强度与组织激励效用、个体激励效用的关系;最后,希望通过激励强度与效用的分析来确定重点部门的激励强度。

每个分店管理模式基本一致。第二分店的部门员工及管理者在公司中留存时间长,他们对公司信息的掌握更为全面,调查数据更能体现员工的真实意愿。所以,本书以公司的第二分店为调查对象。

二、表式设计

通过对公司部门的进一步了解,考虑表式的选择问题。由于,表式的设计应符合假设的要求,同时也应符合编表的目的,所以本书以编制 A 公司价值型表为目标,以公司提供的服务为主要部门分类。在表式设计中,首先明确纯部门的划分,其次根据目的设计出基本表式。

1. 部门划分

餐饮业属于第三产业,是利用一定的设施,通过职工的烹饪技术,将主、副原材料加工为菜肴或食品,同时提供消费设施、场所和服务,满足消费者的需要。总的来讲,其经营特点表现为以服务为中心,辅之以生产和商品流通,直接为消费者服务。

投入产出表中的部门,非通常意义上的由企业归口行业而组成的经济部门,而是指产品、服务或同类性质的"产品类"(或称产品群),每个部门生产的产品或提供的服务不仅用途相同而且消耗结构也基本相同。这两种部门在含义上有很大的差异,前者着重于行政隶属关系,适合于行政管理,而后者侧重于产品(服务)性质,它是为了满足平衡分析和计划预测的需要。

将研究所涉及的组织部门按产品、服务部门重新划分,各部门以其主要工作职能为组织提供产品或服务。对于具有相同或相似工作职能的部门可根据经济假设加以合并或分解。例如,厨房部以提供食品为主,营销部门以提供"产品推介"服务为主,人力资源部门以"提供维持组织良好发展的人力资源状况"服务为主等。这些服务有些属于物质生产部门,有些属于非物质生产部门。

由于不同部门的主要服务内容不同,以部门的主要服务内容为产品,对应投入产出表中的产品部门。基于组织的部门工作任务(产品、服务)并不单一,但每个部门的工作都可以抽象为一种主要的产品(或服务),不同部门的产品或服务趋于相似时,可将其合并为一个产品部门,具体情况根据组织的结构、产品或服务决定。

根据 A 公司的具体情况对部门进行集结。组织结构中的电脑部、财务后勤部、人力资源部、总经办这 4 个部门,对外为用户提供公司品牌信息,对内提供维持公司正常运行的管理服务,可以将其集结为同一部门——行政财务部(简称"行财部")。采购部采购公司经营所需的材料,为公司的每个部门服务,因此,其部门费用根据统计数据记载情况分摊到各个部门。同时,该部门采购的主要服务对象为厨房部,故在分析中将采购部与厨房部集结为同一部门——食品部。对于相同产品大类,但产品品质不一致的情况,可以分设产品的不同级别,并且假设这些不同品质的产品之间没有替代性。对服务性行业而言,提供同种服务的品质也有很大区别,由此可根据分析目的,对服务部门的代理人进行细分。

最后,根据公司组织结构图,投入产出分析的同质性和比例性基本假设,以及研究分析问题的需要,将部门划分为 6 个纯部门:楼面部、食品部、营销部、安保部、工程部、行政财务部。各部门提供的服务为:楼面部为客户提供迎送、上菜等服务;营销部提供公司介绍,产品推介、销售、客户信息反馈等服务;食品部提供加工原材料,负责食品的制造等服务;安保部提供保障客户车辆和财务安全的服务;工程部提供维修与维护服务;行政财务部对外为用户提供公司品牌信息,对内提供维持公司正常运行的管理服务。

2. 表式

公司中的任何一个部门,在其生产过程中都必须消耗其他产品或服务,当然也包括本部门的产品或服务,还使用劳动力及资本设备等基本生产要素。A 公司投入产出平衡表表式见表 5-1。

表5-1 投入产出平衡表表式

产出 投入	楼面部	营销部	……	安保部	行财部	最终 使用	总产出
楼面部							
营销部							
……			I			II	
安保部							
行财部							
固定资产折旧							
劳动报酬			III				IV
公司利税							
总 投 入							

第Ⅰ象限表示中间投入和产出,横向表示中间使用,纵向表示中间投入;该象限反映了各个部门之间的技术经济联系,特别反映了各部门之间相互提供劳动对象的情况。在前面的假设条件下 $n=6$,即6个部门。第Ⅰ象限是编制投入产出表的核心部分。本书将采用推导法,通过投入产出重点调查汇总数据,取得具有代表性企业的部门中间投入结构,结合收集的各投入产出企业部门总产出总量作为总控制数指标进行推算放大,产生企业投入产出表,即U表。

第Ⅱ象限是由主栏各生产部门与宾栏最终使用交织而成,反映了组织内各部门的总产出中可供组织最终消耗和使用的产品或服务。由于本分析对该部分无特别要求,因此,该部分仅保留总数据。

第Ⅲ象限是由主栏的固定资产折旧、劳动报酬、生产税净额、营业盈余与宾栏的部门相交而成。因为对生产税净额、营业盈余无特别分析需求,所以在表中将其合并为公司利税。第Ⅲ象限反映各部门的初始投入构成,但主要是各部门增加值,反映了组织收入的初次分配和价值构成。该栏的内容也可以根据具体的分析需要再细分。例如,在劳动报酬一栏中,可根据劳动报酬组成的变动性将其分为固定薪酬和变动薪酬。

第三节　数据收集与加工

在这一阶段,首先与 A 公司的管理人员进行沟通,说明数据采集的范围、原因及作用,并开始收集公司的基础信息。这些基础信息主要包括公司所处行业、资本结构、规模大小、发展趋势、竞争优势和劣势等。

一、会计数据

餐饮企业与工业企业、商品流通企业相比,核算方法不同。具体表现在收入和费用分布结构不同、自制商品与外购商品分别核算。餐饮业在业务经营过程中,同样执行生产、零售和服务三种职能,即一方面从事菜肴和食品的烹制,将烹制品直接供应消费者;另一方面在供应过程中,为消费者提供消费场所、用具和服务活动。此外,餐饮制品的质量标准和技艺要求复杂,在会计核算上也很难像工业企业那样,按产品逐次逐件进行完整的成本计算,一般只能核算经营单位或经营种类耗用原材料的总成本,以及营业收入和各项费用支出。在会计核算上就必须分不同业务,结合工业企业、流通企业的会计核算方法进行核算。

二、表格数据

样本数据的收集是编表过程中工作量最大的部分,也是最为困难的部分。由于现有的财务、统计、会计和业务资料所提供的往往是按照企业行政部门划分的总产值、净产值、主要产品的产量和物耗,与投入产出的统计口径不同,有些数据范围不全,数据时间不能衔接等。

各投入产出企业部门总产出从投入产出调查汇总资料和相关部门财务资料中容易计算取得,而各投入产出产品部门总产出数据取得相对困难①。由于公司总产出和最终产出可以由财务报表直接确定,因此,企业部门的中间投入总值可以确定,问题是中间投入的比例。

对 A 公司的投入构成作重点调查,对原材消耗、运输费、燃料费、差旅费、包装费、会议费、办公费、职工教育经费、业务招聘费、广告费、审计费、咨询费等进行调查。使用习惯的编表方法,首先通过投入产出调查取得基层的投入和产出资料;其次对重点调查的投入产出资料进行汇总,得到作为样本的投入表和产出表,取得具有代表性的组织部门中间投入结构;最后进行推算放大,将样本的投入表和产出表推算放大(组织部门总产出量作为总控数指标),得到总体投入表和产出表,具体内容见后。

其他象限的数据分解可以根据以下基本关系。各部门分解出来的各投入产出部门对某种产品的中间投入合计等于 A 公司的中间投入;各部门分解出来的各投入产出部门的产值之和等于 A 公司的总产值;各部门分解出来的各投入产出部门的部门增加值之

---

① 参见《投入产出分析的理论与方法》《投入产出分析》《投入产出技术与企业管理现代化》等文献。

和等于 A 公司的总增加值;各部门分解出来的各投入产出部门的固定资产折旧之和等于 A 公司的固定资产折旧;各部门分解出来的各投入产出部门的劳动报酬之和等于 A 公司的劳动报酬;各部门分解出来的各投入产出生产利税之和等于 A 公司的生产利税。

三、数据处理

1. 管理费用分摊

对于管理费用的分摊以食品部为例作简单说明。食品部是公司所有菜品的出品部门。同时,食品部除去菜品以外还兼顾着其他的服务。例如:与营销部门沟通获取客户对菜品的反馈,研制新菜品;与楼面部门沟通,保证走菜与排菜的无误。同时,食品部人员培训、管理方面的职能需要与行财部共同完成;需要工程部门保证设备的正常运行;需要安保部门保证材料与财务的安全等。结合 A 公司的具体情况,经过与公司人员的充分讨论,最后决定选取工作难度、工作时间、参与人数这三个主要因素为权数。工作难度以人员薪点表示;工作时间以平均每天中占用时间表示;参与人数以平均每天参与该项工作的人数表示。以此方法确定出食品部管理费用在不同部门的分摊比例,见表 5-2。

表 5-2 食品部管理费用分摊比例

部门 \ 指示	工作难度	工作时间	参与人数	综合权数	分摊比例
楼面部	10.53	4.0	40	1684.80	0.174
营销部	18.72	2.5	15	702.00	0.072
食品部	13.56	6.0	81	6590.16	0.680
安保部	12.57	2.0	6	150.84	0.016

续表

部门＼指示	工作难度	工作时间	参与人数	综合权数	分摊比例
工程部	18.57	2.0	6	222.84	0.023
行财部	25.47	1.5	9	343.85	0.035

2. 总产出分解

A公司属于餐饮业,提供的产品除了食品还有其他相应的服务,总产出是多个部门的合作。从平衡表可知,总产出等于中间投入、固定资产折旧、劳动报酬、生产利税之和。其中,中间投入、固定资产折旧、劳动报酬的数据可以通过调查获取,但生产利税项目的数据无法直接得到。

产品或服务的价值在于它是劳动的产物,是在产品或服务中积累的人类劳动。产品价值的大小,取决于生产这个产品时所耗费的劳动量的多少。从价值形成角度来讲,生产过程也是价值转移和价值创造的过程。价值由以下三种基本价值要素构成:一是过去劳动所创造的生产资料转移价值(C);二是社会必要劳动新创造价值(V);三是社会剩余劳动新创造价值(M)。

部门对公司的贡献值主要与部门的劳动消耗有关,而劳动消耗包括物化劳动消耗和活劳动消耗。物化劳动是过去生产阶段上各部门的劳动支出,本生产阶段生产该产品时所使用的生产资料,转移到该产品中的劳动量。活劳动是本生产阶段上为生产该产品新投入的劳动量。

李秉全(1988)[①]在建构企业劳动价值模型时认为,劳动量并

---

① 李秉全:《投入产出技术与企业管理现代化》,科学出版社1988年版,第184—212页。

不直接就是价值量,价格不能反映劳动量,而是反映了劳动量决定的价值量。从劳动到价值还有一个转化的过程,即对劳动的质和量两方面进行检验和计算的过程,即经济估值过程。由于服务是餐饮行业的要素,所以,该行业通常将员工的工资作为服务计算的要素。同时,部门管理也影响了活劳动量的消耗,所以,本书以部门人员薪酬以及管理费用作为衡量活劳动消耗的数据(见李秉全企业劳动价值模型)。

假定在不同的生产或服务环节上生产不同产品(提供服务)的劳动,在复杂程度、熟练程度、技巧和技能方面是有差别的,并且进一步假定从事产品生产或提供服务的不同工种的平均劳动报酬,亦即平均工资额,可以代表这种差别。这样就可以利用平均工资额来完成对劳动的经济估值过程。当然,在使用这个方法的时候,一部分研究者会提出质疑,现行的工资制度不合理,会影响平均工资额的代表性。由于当前 A 公司的薪酬设计较为科学,采取了薪点制的设计方法,能较好地表现不同劳动的复杂程度,使这个问题较好地被排除。同时,采取平均工资额,使工资制度中的某些不合理可以在平均过程中相互抵销一些。最后采用综合权数比例分摊法,利用部门薪点占比、管理费用占比数据,可较为科学地计算出部门利税占比。结合利税总值和占比,以及中间投入、固定资产折旧、薪酬可确定部门总产出。

第四节　总表编制

投入产出表的中间矩阵部门数据为纯部门数据,难以从企业中通过直接调查获得。同时为了减少过多的填表工作,充分利用现有的数据资料,本书采用联合国推荐的数学推导法,简称 UV 法。推导法就是根据调查资料,先编制部门的投入表(U 表)及产出表(V 表),然后在一定的假定下采用数学方法直接推导投入产出系数。

UV 法假定企业每个部门虽可能有多种产品,但只能有一种主要产品,即特征产品。反之,每一种产品都至少有一个部门生产它,每个部门的非主要产品都按照其性质归并到它对应的那种特征产品部门中去。这样,产品数和部门数就完全相等。因此,有关生产部分,可划分为四个部分,参见表5-3。

表5-3　$U-V$ 表

投入＼产出		产品部门 1 2 ⋯ 6	公司部门 1 2 ⋯ 6	最终使用	总产出
产品部门	1 2 ⋯ 6	①	$U_{11} U_{12}\quad U_{16}$ $U_{21} U_{22}\quad U_{26}$ ② $U_{61} U_{62}\quad U_{66}$	Y_1 Y_2 ... Y_6	Q_1 Q_2 ... Q_6
公司部门	1 2 ⋯ 6	$V_{11} V_{12}\quad V_{16}$ $V_{21} V_{22}\quad V_{26}$ ③ $V_{61} V_{62}\quad V_{66}$	④		G_1 G_2 ... G_6
增加值			$F_1 F_2 \cdots F_6$		
总投入		$Q_1\ Q_2 \cdots Q_6$	$G_1\quad G_2\quad G_6$		

表中①和④,分别为产品×产品和部门×部门,是本书希望得到的数据,但实际收集中非常难以得到。②和③的数据采集相对容易,但不能直接反映产品与产品间或部门与部门间的经济技术联系。其中,U 表(②)为产品部门×公司部门流量矩阵,即投入表,或产品的部门间流量表。U 表的意义在于:纵列表示公司某部门对各种产品的消耗;横行表示某种产品在各个部门间的流量。U_{ij} 是 j 公司部门在生产中使用的 i 产品量。

V 表(③)为公司部门×产品部门流量矩阵,即产出表,或部门的产品结构表。V 表的意义在于:横行表示某部门生产了哪些产品,数量是多少;纵列表示某种产品是由哪些部门生产的,各部门在这种产品的生产中占有多大比重。V_{ij} 是 i 公司部门生产的 j 产品量。

Y 为产品部门最终产品列向量;Q 为产品部门总产出列向量;G 为公司部门总产出行向量;F 为公司部门增加值向量。

(1)$U-V$ 矩阵

UV 法不需要将产值按产品(服务)部门进行分解,与现行统计制度衔接,对调查企业的要求不高。只要调查企业生产产品单一,主产品突出,集中度较高即可。通过投入产出调查可以得到 $U-V$ 表。

U 表的平衡关系有:

$$\sum_{j=1}^{6} U_{ij} + Y_i = Q_i \quad (i = 1, 2, \cdots, 6) \tag{5-1}$$

$$\sum_{i=1}^{6} U_{ij} + F_j = G_j \quad (j = 1, 2, \cdots, 6) \tag{5-2}$$

V 表的平衡关系有:

$$\sum_{j=1}^{6} V_{ij} = G_i \quad (i = 1, 2, \cdots, 6) \tag{5-3}$$

$$\sum_{i=1}^{6} V_{ij} = Q_j \quad (j = 1, 2, \cdots, 6) \tag{5-4}$$

投入系数:

$$b_{ij} = U_{ij}/G_j \quad (i = 1, 2, \cdots, 6; j = 1, 2, \cdots, 6) \tag{5-5}$$

部门比例系数:

$$d_{ij} = V_{ij}/Q_j \quad (i = 1, 2, \cdots, 6; j = 1, 2, \cdots, 6) \tag{5-6}$$

运用 EXCEL 进行矩阵运算,根据双比例尺度法修正矩阵,利用得到的 U 矩阵和 V 矩阵,通过矩阵运算求得直接消耗矩阵 A。

(2)直接消耗矩阵

在部门工艺假定(一个企业部门生产的所有产品,它们的消费结构都相同)的基础上,计算直接消耗矩阵 A。直接消耗矩阵表示为:

$$A = BD \tag{5-7}$$

定义投入系数:

$$b_{ij} = U_{ij}/G_j \quad (i = 1, 2, \cdots, 6; j = 1, 2, \cdots, 6)$$

b_{ij} 表示第 j 公司部门生产单位产品所消耗的第 i 种产品量,记投入系数矩阵为 B。

定义公司部门比例系数:

$$d_{ij} = V_{ij}/Q_j \quad (i = 1, 2, \cdots, 6; j = 1, 2, \cdots 6)$$

记公司部门比例系数矩阵为 D。

根据 B、D 矩阵求直接消耗矩阵 A,解得直接消耗矩阵 A,见表 5-4。

表 5-4　直接消耗矩阵

部门	楼面部	营销部	食品部	安保部	工程部	行财部
楼面部	0.1889	0.1794	0.1710	0.1661	0.1744	0.1515
营销部	0.0963	0.1374	0.1225	0.1218	0.1297	0.1156
食品部	0.1315	0.1444	0.1515	0.1570	0.1064	0.1709
安保部	0.0610	0.0606	0.0555	0.0932	0.0380	0.0435
工程部	0.0422	0.0399	0.0423	0.0309	0.1148	0.0441
行财部	0.0619	0.0475	0.0534	0.0479	0.0569	0.0579

　　根据 A 公司提供的数据及项目小组公司调研数据,结合分解法和推导法,编制 A 公司投入产出平衡简表(见表 5-5)。

表 5-5　A 公司投入产出平衡简表(价值表)

部门	楼面部	营销部	食品部	安保部	工程部	行财部
楼面部	948529	819723	1202184	596636	459962	342481
营销部	483726	628172	861143	437363	341901	261177
食品部	660554	660173	1064949	563677	280574	386235
安保部	306368	277111	390263	334533	100192	98266
工程部	211958	182267	297720	110938	302755	99750
行财部	310670	217166	375479	171950	150019	130776
增加值	2100642	1785815	2839688	1375952	1001381	941416
总投入	5022447	4570427	7031426	3591049	2636784	2260101

　　在系统激励 QUA 模型的建立中我们采用了投入产出技术,使用该模型对 A 公司进行分析,编制 A 公司投入产出平衡表。投入产出表的真正价值在于它的应用,但是编制投入产出表的过程却需要付出一定的人力和物力。本章着重介绍了 A 公司投入产出表的编制过程。编制过程分为三步:编表准备阶段、数据收集及加工阶段、总表编制阶段。

在编表准备阶段,对 A 公司的发展情况以及组织结构进行了介绍。在明确的编表目的指导下,对公司的部门进行了划分,并据此设计了表式。在部门划分中,将公司的 10 个部门集结为 6 个纯部门,分别为楼面部、食品部、营销部、安保部、工程部、行政财务部。

在数据收集及加工阶段,着重对服务型企业平衡表编制过程中的一些问题进行了探讨。对于管理费用、总产出的分解采用李秉全的综合权数比例分摊法,并对分解方法给出了具体说明。

为了减少过多的填表工作,同时充分利用现有的数据资料,本书采用联合国推荐的数学推导法 UV 法编制了 A 公司投入产出平衡表,为下一步利用该平衡表建立 A 公司投入产出基础模型和内生型模型分析公司结构特征和激励强度做好了数据准备。

第六章　Ａ公司实证与实验研究

　　本章在 Ａ 公司中对系统激励 QUA 模型(激励强度与效用关系模型、激励强度确定模型)进行实证研究,对系统激励 SD 模型进行实验研究。因为投入产出技术在组织系统结构的分析中优势明显,所以本章将利用投入产出技术的成熟分析方法对 Ａ 公司组织系统结构进行分析,挖掘出更多组织系统结构信息。

　　分析过程为:首先,利用投入产出技术分析 Ａ 公司组织系统结构,确定出公司的重点部门;其次,利用激励强度与效用关系模型,分析部门激励强度与组织激励效用、个体激励效用的关系;再次,利用激励强度确定模型计算部门最佳激励强度;最后,对系统激励 SD 模型进行仿真实验,研究系统时滞与组织激励效用、个体激励效用的关系。

第一节　组织系统结构分析

　　对组织当前所处的行业、发展状况、结构、部门关系的了解是系统研究的基础。对组织状态的定性与定量分析,可为进一步了解组织运行的规律、预测组织未来的发展提供理论依据。分析组织系统结构是掌握系统结构特征、挖掘部门特性、确定分析重点、提升管理效率的必要步骤。本节从组织部门结构及部门经济技术联系两个角度展开分析,分析主要内容包括部门产出结构、部门经济技术联系、部门结构特征。

一、部门产出结构

部门产出结构分析用部门总产出(增加值)与组织总产出(增加值)的比例关系来揭示不同部门在组织中的重要性。总产出是企业一年内生产的全部产品(服务)的总价值量。从投入产出平衡简表(见表5-5)反映,A公司第二分店X年总产出为25112234元。其中,楼面部的产出为5022447元,总产出占比为20.00%;营销部的产出为4570427元,占比18.20%;食品部的产出为7031426元,占比28.00%。其他三个部门的产出分别为3591049元、2636784元、2260101元,占比分别为14.30%、10.50%、9.00%。楼面部、营销部、食品部这三个部门在A公司中的产出之和占总产出的66.20%,是A公司经营中的重要部门。

从各部门的总产出中扣除各种消耗,就是各部门在生产中增加的价值,各部门增加值之和为10044894元。从投入产出平衡表可知,X年A公司楼面部增加值为2100642元,占20.91%;营销部增加值为1785815元,占17.78%;食品部增加值为2839688元,占28.27%;其他三个部门的增加值分别为1375952元、1001381元、941416元,占比分别为13.70%、9.97%、9.37%。楼面部、营销部、食品部三个部门的增加值之和占总增加值的66.96%,是A公司提供最终产品与资金积累的主要部门。

　　总之,对公司经济贡献最大的三个部门为楼面部、营销部、食品部,是决定公司经济发展的重点部门。安保部对公司的经济贡献居于第四位,与楼面部、食品部、营销部的发展息息相关。具体原因是,该店面经营位置较为偏僻,前来消费的大部分顾客需要泊车服务,公司为客户提供车辆停泊和安全保卫的工作量很大。工程部、行财部占公司总产出和增加值的比例较小,对公司经济的贡献较小。

二、部门经济技术联系

　　部门经济技术联系分析主要研究直接消耗系数和完全消耗系数,从组织系统的中间投入(产出)角度揭示各部门的经济技术联系。

1. 直接消耗系数

　　在组织中,不同部门的关系分为直接关系和间接关系。直接关系导致的是某个部门的产品(服务)在生产过程中对各个部门产品(服务)的直接消耗量。表5-4中,A公司的直接消耗矩阵中a_{ij}的经济意义为:第j部门生产单位产品直接消耗第i部门产品的数量,反映了部门之间的生产技术联系。直接消耗系数越大,表示对其他部门直接依存关系越大,反之亦然。对6个部门的直接消耗系数进行排序,见表6-1。

表6-1　部门直接消耗系数排序

部门	楼面部	营销部	食品部	安保部	工程部	行财部
楼面部	1	1	1	1	1	2
营销部	3	3	3	3	2	3
食品部	2	2	2	2	4	1

续表

部门	楼面部	营销部	食品部	安保部	工程部	行财部
安保部	5	4	4	4	6	6
工程部	6	6	6	6	3	5
行财部	4	5	5	5	5	4

从楼面部来看,该部门对 6 部门的直接依存关系按从小到大依次排列为工程部、安保部、行财部、营销部、食品部、楼面部;

从营销部来看,该部门对 6 部门的直接依存关系按从小到大依次排列为工程部、行财部、安保部、营销部、食品部、楼面部;

从食品部来看,该部门对 6 部门的直接依存关系按从小到大依次排列为工程部、行财部、安保部、营销部、食品部、楼面部;

从安保部来看,该部门对 6 部门的直接依存关系按从小到大依次排列为工程部、行财部、安保部、营销部、食品部、楼面部;

从工程部来看,该部门对 6 部门的直接依存关系按从小到大依次排列为安保部、行财部、食品部、工程部、营销部、楼面部;

从行财部来看,该部门对 6 部门的直接依存关系按从小到大依次排列为安保部、工程部、行财部、营销部、楼面部、食品部。

从直接消耗部门的排序来看,楼面部、食品部、营销部三大部门是直接消耗的主要部门,其他部门对这三个部门的直接需求较大;安保部门在直接消耗中居于第四。相对而言,行财部、工程部对其他部门的直接支持较少。

2. 完全消耗系数

直接消耗系数反映的是部门的直接消耗关系。但是,生产一种产品对另一种产品的消耗不仅有直接消耗,而且有间接消耗。

因此,把生产一种产品对某种产品的直接消耗和全部间接消耗的总和称为完全消耗。相应地,直接消耗系数和全部间接消耗系数的总和就是完全消耗系数。利用完全消耗系数可以衡量一个部门对公司经济增长的全部贡献。完全消耗系数计算公式为:

$$b_{ij} = a_{ij} + \sum_{k=1}^{n} b_{ik}a_{ki} \quad (i = 1, 2, \cdots, n; j = 1, 2, \cdots, n) \qquad (6\text{-}1)$$

式(6-1)中,$\sum_{i=1}^{n} b_{ik}a_{ki}$ 表示间接消耗系数的总和。

由 b_{ij} 组成的矩阵为完全消耗矩阵,记为矩阵 B。完全消耗系数反映一个部门的生产与本部门、其他部门发生的经济数量关系。因此,它比直接消耗系数更本质、更全面地反映部门内部和部门之间的技术经济联系。除此之外,它对经济预测和计划制订也有很大的作用。完全消耗系数矩阵计算公式为:

$$B = (I - A)^{-1} - I \qquad (6\text{-}2)$$

式(6-2)中,A 表示直接消耗矩阵;I 为单位矩阵;$(I - A)^{-1}$ 为列昂惕夫逆矩阵。经过计算得到 A 公司 6 部门完全消耗矩阵,见表6-2。

表6-2 A公司6部门完全消耗矩阵

完全消耗矩阵	楼面部	营销部	食品部	安保部	工程部	行财部
楼面部	0.4426	0.4458	0.4313	0.4355	0.4462	0.4059
营销部	0.2651	0.3156	0.2967	0.3024	0.3120	0.2864
食品部	0.3380	0.3610	0.3634	0.3774	0.3239	0.3785
安保部	0.1468	0.1509	0.1434	0.1858	0.1275	0.1288
工程部	0.1091	0.1096	0.1109	0.1004	0.1921	0.1116
行财部	0.1413	0.1304	0.1345	0.1316	0.1419	0.1373

由表 6-2 可知,完全消耗系数大于直接消耗系数。从楼面部来看,增加一个单位的最终产出其主要需求为:自身消耗 0.4426,营销部提供 0.2651、食品部提供 0.3380、安保部提供 0.1468、工程部提供 0.1091、行财部提供 0.1413。因此,楼面部的最终产出主要与楼面部、食品部、营销部、安保部四部门有关。

从营销部来看,增加一个单位的最终产出其主要需求为:自身消耗 0.3156,楼面部提供 0.4458、食品部提供 0.3610、安保部提供 0.1509、工程部提供 0.1096、行财部提供 0.1304。因此,营销部的最终产出主要与营销部、食品部、楼面部、安保部四部门有关。

根据完全消耗系数,可以分析 6 个部门对公司经济增长的完全贡献率。完全贡献率计算公式:完全贡献率=完全贡献/总增加值 × 100%。

其中,完全贡献(完全贡献为部门直接和间接带动相关部门实现的增加值部分)计算公式:完全贡献=间接贡献+直接贡献

间接贡献=部门增加值 × 其他部门的完全消耗系数。其中,间接贡献为部门间接带动相关部门实现的增加值部分。计算得到部门对公司经济的完全贡献率,见表 6-3。绘制 6 部门完全贡献率比较图,见图 6-1。

表 6-3　部门对公司经济的完全贡献率

部门	楼面部	营销部	食品部	安保部	工程部	行财部
完全贡献率（%）	30.17	26.90	41.85	21.00	15.39	13.58
排序	2	3	1	4	5	6

从表6-3可知,对公司经济完全贡献率最大的部门为食品部,其他部门从大到小依次为:楼面部、营销部、安保部、工程部、行财部。由数据对比可知,图6-1中各部门对经济增长的完全贡献率大于部门的直接贡献率(增加值占比),且各部门完全贡献率的放大程度不一。其中,完全贡献率与直接贡献率之比最大的部门为工程部,完全贡献率为直接贡献率的1.54倍。这个数据说明,从部门之间的联系来规划公司的发展时,需要注意部门完全消耗系数。虽然一些部门在总产出或增加值数据中的比重较小,但完全消耗系数或完全贡献率增值速度较快,容易带来经济增长中的瓶颈问题。

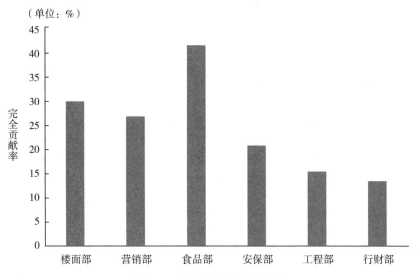

图6-1   部门完全贡献率比较

三、部门结构特征

投入产出关联分析是揭示部门结构变动内在机理的重要方法,通常采用丹麦经济学家拉斯姆森(Rasmussen)提出的感应度系数、影响力系数两个重要指标来描述投入产出关联的变化对部门结构产生的影响。

一般而言,在企业这一系统中,某部门在生产过程中的任何一个变化,都将通过部门间的关联关系对其他部门发生波及作用。通常,把一部门受其他部门的波及作用叫作感应度,而把它影响其他部门的波及作用称为影响力。感应度和影响力是投入产出模型的一对重要参数,是研究部门供需矛盾和制定合理产业政策的可靠依据。

计算感应度系数和影响力系数需要利用列昂惕夫逆矩阵。列昂惕夫逆矩阵各列元素表现了当最终产出增加一个单位时,整个经济部门所产生的直接和间接的波及效应。[①] 与宏观经济乘数相区别,列昂惕夫逆矩阵被称为多部门乘数或投入产出乘数。[②]

列昂惕夫逆矩阵表示为:

$$C = (I - A)^{-1} \qquad\qquad (6-3)$$

根据直接消耗矩阵计算出列昂惕夫逆矩阵,见表6-4。由表可知,第j列元素表示当j部门的最终产出增加一个单位时,对各产品部门所产生的直接和间接的影响。例如营销部门的产出量1.3156(列昂惕夫逆矩阵主对角线上的元素)除满足由此带来的全部生产过程的直接和间接的消耗需求以外,还要满足一个单位的最终产品的需求量,因而大于或等于1;其他部门的产出量$c_{ij}(i \neq j)$都是用来满足由此带来的全部生产过程中的直接和间接的消耗需求。

---

① 孙俊岭:《西方激励理论探析》,《学术与交流》2000年第3期。
② 梁梁、张绳良:《关于建立新型激励机制与综合应用激励手段的研究》,《运筹与管理》1994年第6期。

表 6-4　列昂惕夫逆矩阵

投入＼产出	食品部	营销部	楼面部	安保部	工程部	行财部
食品部	1.4426	0.4458	0.4313	0.4355	0.4462	0.4059
营销部	0.2651	1.3156	0.2967	0.3024	0.312	0.2864
楼面部	0.3380	0.3610	1.3634	0.3774	0.3239	0.3785
安保部	0.1468	0.1509	0.1434	1.1858	0.1275	0.1288
工程部	0.1091	0.1096	0.1109	0.1004	1.1921	0.1116
行财部	0.1413	0.1304	0.1345	0.1316	0.1419	1.1373

1. 感应度系数

在列昂惕夫逆矩阵上,行向量反映了该行所对应的部门在经济活动中受其他部门影响的波及程度,也就是感应的大小;纵向量反映了该列所对应的部门在经济活动中对其他部门的波及程度,即影响的程度。

感应度指部门的前向关联度,它主要由感应度系数来反映,亦称推动系数。从经济意义上讲,感应度系数反映的是当组织各部门平均增加一个单位的最终需求时,第 i 部门由此而受到需求感应程度,即需要该部门为其他部门的生产而提供的产出量。

感应度系数 E_i 计算公式:

$$E_i = \sum_{j=1}^{n} c_{ij} \bigg/ \left(\frac{1}{n} \sum_{i=1}^{n} \sum_{j=1}^{n} c_{ij} \right) \quad (i,j = 1,2,\cdots,n) \qquad (6-4)$$

$E_i = 1$ 表示第 i 个部门所受到的感应程度等于组织平均感应水平;$E_i < 1$ 表示第 i 个部门所受到的感应程度小于组织平均感应水平;$E_i > 1$ 表示第 i 个部门所受到的感应程度大于组织平均感应水平。

第 i 部门感应度系数越大,表示该部门受到其他部门需求的影响越大。研究者习惯于将 E_i 高的部门称为"中间产品部门",E_i 低的部门称为"最终产品部门"。根据公式计算出 6 部门的感应度系数,见表6-5。

表6-5　部门感应度系数

部门	楼面部	营销部	食品部	安保部	工程部	行财部
感应度系数	1.447	1.114	1.260	0.755	0.695	0.729
E_i	>1	>1	>1	<1	<1	<1

由表6-5可知,食品部、营销部和楼面部的感应度系数大于1,表示这三个部门所受到的感应程度大于企业平均感应水平。楼面部、食品部和营销部对最终产出的普遍增长比较敏感,即当客户对食品或服务的需求量增加时,这三个部门应该以更快的速度发展,否则将成为制约企业经济发展的瓶颈。安保部、工程部和行财部的感应程度远远小于企业平均感应水平,当公司发展迅猛时,部门不容易受到强力冲击。

2. 影响力系数

影响力指产业部门的后向关联度,它主要由影响力系数来反映。影响力系数亦称"带动系数"。从经济意义上讲,影响力反映了当第 j 个部门增加一个单位的最终产出,对企业各部门所产生的需求波及程度。

影响力系数计算公式:

$$F_j = \sum_{i=1}^{n} c_{ij} / \left(\frac{1}{n} \sum_{i=1}^{n} \sum_{j=1}^{n} c_{ij} \right) \quad (i, j = 1, 2, \cdots, n) \qquad (6-5)$$

$F_j = 1$ 表示第 j 个部门生产对其他部门所产生的波及影响程度等于企业平均影响力水平；$F_j > 1$ 表示第 j 个部门生产对其他部门所产生的波及影响程度大于企业平均影响力水平，对各部门生产的完全诱发大，因而在经济发展中有重要的带动作用；$F_j < 1$ 表示第 j 个部门生产对其他部门所产生的波及影响程度小于企业平均影响力水平。

影响力系数越大，说明该部门对其他部门的拉动越大。研究者习惯于将 F_j 高的部门称为"制造部门"，F_j 低的部门称为"基础部门"。根据公式计算出 6 部门的影响力系数，见表 6-6。

表 6-6 部门影响力系数

部门	楼面部	营销部	食品部	安保部	工程部	行财部
影响力系数	0.980	1.008	0.995	1.016	1.020	0.982
F_i	<1	>1	<1	>1	>1	<1

由表 6-6 可知，营销部、安保部、工程部影响力系数大于 1，表示这三个部门生产对其他部门所产生的波及影响程度大于企业平均影响力水平。结合 A 公司为服务业以及组织产品、服务特性来看，营销部在 6 个部门中具有最重要地位，对其他部门生产的完全诱发较大，在经济发展中具有重要的带动作用。安保部对其他部门的带动作用与该公司安保部具有的特殊重要性相关。以自驾车客户群为主要客户来源的行业都需要考虑到为客户提供良好泊车和车辆安全保卫服务，并以此提升客户满意度，增加客户需求量。最后，工程部对公司其他部门的带动作用须引起管理者的注意。良好的设备运行状况、对减少客户等待时间、提升厨房工作效率都具有非常重要的意义。

楼面部、食品部的带动作用基本等于组织平均影响力水平,表示该两个部门的发展对带动公司经济不具有显著的作用,即这两个部门的发展应该根据公司客户需求量的增加给以适应性发展,而不是通过发展这两个部门带动公司的经济增长,盲目扩大食品部或楼面部对组织经济发展无益。行财部对其他部门的带动作用较小,属于6个部门中的下游部门。

3. 部门分类

根据部门感应度系数和影响力系数的大小,可将各个部门划分为四类,见表6-7。四类部门的特点为:Ⅰ类部门,感应度系数小,影响力系数小,称为最终需求型基础部门;Ⅱ类部门,感应度系数大,影响力系数小,为中间投入型基础部门;Ⅲ类部门,感应度系数小,影响力系数大,为最终需求型制造部门;Ⅳ类部门,感应度系数大,影响力系数大,为中间投入型制造部门。

表6-7　部门分类

影响力＼感应度	感应度小	感应度大
影响力小	Ⅰ最终需求型基础部门 [行财部]	Ⅱ中间投入型基础部门 [楼面部]、[食品部]
影响力大	Ⅲ最终需求型制造部门 [安保部、工程部]	Ⅳ中间投入型制造部门 [营销部]

结合赫希曼1958年在《经济发展战略》中提出的主导部门确定方法和罗斯托的观点:以"后向关联水平"为主确定主导部门,同时考虑该部门"前向关联水平"。

营销部是中间投入型制造部门,感应度和影响力都大,即前向和后向关联效应都大,是公司发展的主导部门。营销部的发展不仅拓展了市场对公司产品的需求,而且部门具有强烈的中间产品需求倾向,为支持该部门增长的中间投入部门提供了市场。该部门通过需求扩大的连锁反应,可带动公司经济有效增长。

楼面部、食品部是中间投入型基础部门,感应度大但影响力小,即前向关联效应大而后向关联效应小,容易成为公司发展的瓶颈。盲目发展这两个部门对公司经济增长没有太大的推动作用,因此,这两个部门应该根据公司发展现状进行拓展,而非通过发展来带动公司经济。

安保部和工程部是最终需求型制造部门,影响力大但感应度小,即前向关联效应小而后向关联效应大,说明这两个部门服务的提升可以带动其他部门发展。行财部的影响力和感应度系数均小,属于最终需求型基础部门,相对于其他部门而言不容易受到公司经济发展和部门发展的影响。

第二节 激励强度分析

对部门激励强度分析可以从以下两个步骤展开:首先,利用激励强度与效用关系模型对公司部门激励强度与组织激励效用、个体激励效用的关系展开实证研究;其次,利用"激励强度确定模型"计算部门最佳薪酬激励强度。本节研究的 A 公司部门包括营销部和食品部。分析数据是运用 MATLAB 进行编程,在导入 A 公司基础数据后,由计算机运算得到。

一、营销部门

1. 问卷调查及数据拟合

（1）问卷调查

首先需要掌握激励强度和个体薪酬的关系。讲解"薪酬方案与业绩表现调查表"填写方式与注意事项，对 A 公司营销部门人员进行问卷调查。该调查表变动薪酬方案制定基础为固定薪酬不低于 600 元/月。在调查表中不同激励方案对应不同业绩表现下的变动薪酬。个体根据方案数据选择可达成业绩类型。调查表中的业绩类型分为五类，分别表示为 1、2、3、4、5 类。1 类表示业绩非常低，处于团队的最低水平；2 类表示业绩比较低，略低于团队的普通水平；3 类表示业绩等于团队的平均水平；4 类表示业绩略高于团队的平均水平；5 类表示业绩非常高，处于团队的最高水平。

不同的方案对应不同的激励强度，不同的业绩类型对应不同的业绩表现。可根据个体在不同激励方案下的业绩情况确定出当固定薪酬不变时，不同激励强度下个体的业绩表现。设定个体 5 类业绩表现对应的业绩量值为 200、300、400、500、600[①]。

部门变动薪酬总值计算公式：

$$W_p = \beta \sum_{i=1}^{5} m_i c_i = \sum_{i=1}^{5} m_i(\beta c_i) = \beta y \qquad (6-6)$$

其中，W_p 表示部门变动薪酬总值；m_i 表示选择第 i 种业绩表现的个体数量，c_i 为第 i 种业绩表现对应的量值；βc_i 表示激励强

---

① 业绩量值用于刻画不同业绩表现的差异。组织可将实际业绩值折算一定比例后成为业绩量值。

度为 β 时,组织给予个体第 i 种业绩表现的变动薪酬;$y = \sum_{i=1}^{5} m_i c_i$ 表示在激励强度 β 下的个体业绩总值。

从调查结果可知,部门在 0—0.7 激励强度范围内,个体业绩总值随激励强度增加而增加。因此,有效的激励强度范围为 $[0,0.7]$。根据调查结果确定出营销部门个体在不同激励方案下的业绩分布情况,并由此得到不同激励强度下组织薪酬支付关系。根据调查数据确定出不同薪酬强度下的部门个体业绩值,见表6-8。

表6-8　激励强度与部门个体业绩

激励强度 β	0	0.1	0.2	0.3	0.4
员工业绩 y	72000	82800	86400	91200	98400
激励强度 β	0.5	0.6	0.7	0.8	0.9
员工业绩 y	103200	105600	108000	108000	10800

(2)数据拟合

由于问卷调查得到的激励强度与业绩数据为离散值,本书对其进行多项式拟合,使离散数据连续化。

多项式拟合虽然并不能保证每个样本点都在拟合曲线上,但可使整体拟合误差较小。设激励强度为 x,对应的部门员工业绩为 y,利用 MATLAB 编程,导入数据,求出 x、y 的6次、10次多项式模拟,并绘出拟合效果图(见图6-2)。

x、y 的原值用"□"符号标示;6次拟合数据用"+"标示,10次拟合数据用"*"标示;直线为10次拟合线,虚线为6次拟合线。由图6-2可见10次拟合效果很好,拟合方程如下:

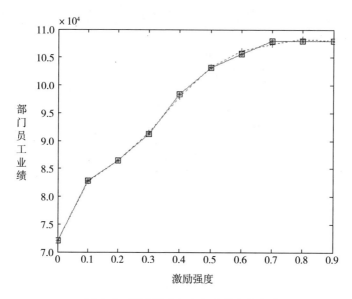

图6-2 激励强度与部门个体业绩拟合

$$y = -56374401.61 \times x^{10} + 204081632.7 \times x^9 - 234504913.1 \times x^8 + 225802248.7 \times x^6 - 209357142.9 \times x^5 + 85540473.04 \times x^4 - 16206632.65 \times x^3 + 979392.9705 \times x^2 + 105285.7143 \times x + 72000 \tag{6-7}$$

同理,对激励强度与部门薪酬进行多项式 10 次拟合,利用 MATLAB 编程,导入数据,10 次多项式模拟,并绘出拟合效果图(见图6-3)。原始数据用"□"号在图形中标示;10 次拟合数据用"—"连线标示,从图 6-3 中可以看到 10 次拟合效果很好,误差小,激励强度与变动薪酬拟合方程如下。

$$y = -(2.4822e+007) \times x^{10} + (2.7623e+007) \times x^9 - (7.4303e+006) \times x^6 + (3.7299e+006) \times x^4 - (1.5696e+006) \times x^3 + (2.6825e+005) \times x^2 + 68015 \times x + (3.2927e-010) \tag{6-8}$$

式中, x 表示激励强度, y 表示变动薪酬。

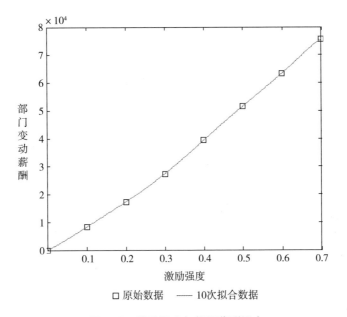

图 6-3　激励强度与部门薪酬拟合

(3)调整矩阵

营销部门人员分为两类:一类为营销管理人员;另一类为一般营销人员。在研究中,需要将两种不同类型的人员加以区分。根据分析需要对平衡表进行调整,得到 7 部门调整表(见表 6-9)。本部分将对营销 1 展开研究,营销 1 是除去了营销管理人员的一般营销人员。利用调整表可以求得直接消耗矩阵。

表 6-9　调整表

部门	楼面部	营销 1	营销 2	食品部	安保部	工程部	行财部
楼面部	948529	655778	163945	1202184	596636	459962	342481
营销 1	96745	100507	25127	172229	87472	68380	52236
营销 2	386981	402030	100507	688914	349891	273521	208941
食品部	660554	528138	132035	1064949	563677	280574	386235

续表

部门	楼面部	营销1	营销2	食品部	安保部	工程部	行财部
安保部	306368	221689	55422	390263	334533	100192	98266
工程部	211958	145813	36454	297720	110938	302755	99750
行财部	310670	173733	43433	375479	171950	150019	130776
总产出	5022447	3656342	914085	7031426	3591049	2636784	2260101

2. 激励强度与个体激励效用

(1)激励强度与个体激励效用

利用调查数据,根据个体激励效用公式可计算得到激励强度与个体激励效用的量化关系。在计算机运算过程中,设置步长为0.001,见图6-4。

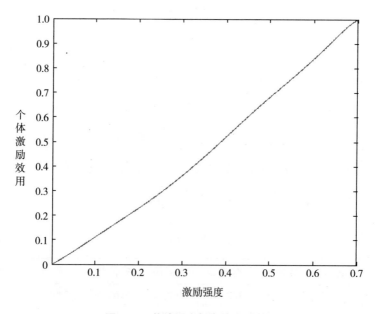

图6-4 激励强度与个体激励效用

由图6-4可知,在有效激励强度范围内,当固定薪酬不变时,随激励强度的增加,个体激励效用增加。该结论与第三章数理分析结论一致。

（2）激励强度与组织激励效用

在激励强度与组织激励效用的关系分析中,本书从激励强度与总产出、全员劳动生产率、劳动效益的关系三个方面入手。在分析中对固定薪酬采用了三个值,分别为 600 元/月、700 元/月、800 元/月。

①总产出

利用 MATLAB 编程,在计算机运算过程中,设置步长为0.001,运行结果见图6-5。

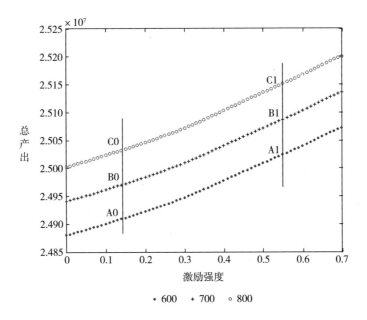

图6-5　激励强度与总产出

根据数据作出固定薪酬分别为 600、700、800 元/月时激励强度与组织总产出关系图,见图6-5。图中"＊""＋""ο"三线分别表示固定薪酬为 600、700、800 元/月时激励强度与组织总产出的关系线。

由图6-5可知,固定薪酬为600、700、800元/月时三条线具有相同的变化趋势。在有效激励强度范围内:当固定薪酬不变时,随激励强度增加,组织总产出增加。如图中A1>A0;B1>B0;C1>C0。该结论与第三章数理分析结论一致。

同理,作出激励强度与部门产出关系图,见图6-6。由图6-6可知,营销部门产出变化趋势与组织总产出变化基本一致(量纲不同),即单部门激励强度的变化是影响组织总产出变化的决定因素。

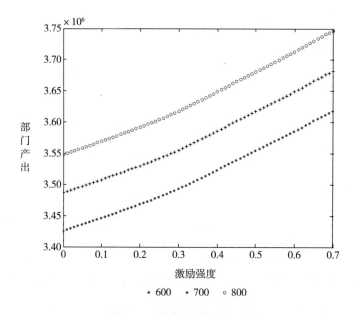

图6-6 激励强度与部门产出

②全员劳动生产率

本节研究激励强度与全员劳动生产率的关系。首先,根据计算机运算数据作出固定薪酬为600、700、800元/月时,激励强度与全员劳动生产率关系图,见图6-7。图中用"∗""+""o"三线分别表示固定薪酬为 600、700、800 元/月的全员劳动生产率关系线。

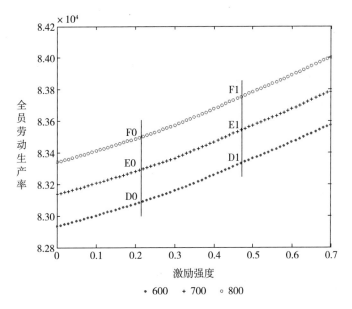

图 6-7   激励强度与全员劳动生产率

根据国家有关法规性文件和新的统计标准,全员劳动生产率指根据产品的价值量指标计算的平均每一个从业人员在单位时间内的产品生产量,它是考核企业经济活动的重要指标,是企业生产技术水平、经营管理水平、职工技术熟练程度和劳动积极性的综合表现。例如,我国统计局公布的工业行业全员劳动生产率是将工业企业的工业增加值除以同一时期全部从业人员的平均人数来计算的。全员劳动生产率的计算公式:

$$全员劳动生产率(元/人)=\frac{报告期累计增加值}{全部从业人员平均人数}\times$$

$$\frac{12}{累计月数} \tag{6-9}$$

由图 6-7 可知,固定薪酬为 600、700、800 元/月时,三条线都具有相同的变化趋势。分析结论：在有效激励强度范围内，当固定薪酬不变时，随激励强度增加，公司全员劳动生产率增加。如图中D1>D0；E1>E0；F1>F0。该结论与第三章数理分析结论一致。

根据全员劳动生产率效用公式可知，进行效用计算后，组织全员生产率效用值将在0—0.7激励强度范围内，随激励强度增加逐渐从0增加到1（变化趋势与图6-6一致，不再重复作图）。因此，在有效激励强度范围内，从全员劳动生产率来看，随激励强度增加，组织激励效用增加。

同理可计算部门个体生产率。部门个体生产率计算方法与全员劳动生产率计算方法一致，只是将范围局限在部门而非公司。计算公式为：

$$部门员工生产率 = \frac{报告期累计增加值×12}{部门员工月平均人数×累计月数} \quad (6-10)$$

计算得到部门个体生产率，对比0—0.7激励强度范围内，全员劳动生产率与部门个体生产率，见表6-10。由表可知，固定薪酬相同时，营销1部门的部门个体劳动生产率高于组织全员劳动生产率，说明该部门在公司中具有重要地位。

表6-10 全员劳动生产率与部门个体生产率比较

激励强度	全员劳动生产率			部门个体生产率		
	600	700	800	600	700	800
0	82933	83137	83342	171270	174350	177420
0.1	82999	83205	83411	172280	175360	178450
0.2	83073	83280	83487	173380	176490	179590
0.3	83156	83365	83573	174630	177760	180880
0.4	83257	83467	83677	176140	179290	182440
0.5	83361	83573	83785	177700	180880	184060

续表

激励强度	全员劳动生产率			部门个体生产率		
	600	700	800	600	700	800
0.6	83463	83677	83890	179230	182440	185640
0.7	83571	83786	84002	180850	184080	187310

③劳动效益

本节分析营销1部门的激励强度与劳动效益的关系。利用MATLAB编程,根据计算数据绘制出固定薪酬分别为600、700、800元/月的激励强度与劳动效益关系图,见图6-8。

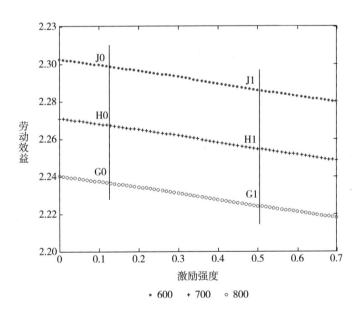

图6-8　激励强度与劳动效益

图中用"﹡""+""o"三线分别表示固定薪酬为600、700、800元/月时,激励强度与劳动效益关系线。从图6-8中可知,固定薪酬为600、700、800元/月时,三条线都具有相同的变化趋势。分析结论:在有效激励强度范围内,当固定薪酬不变时,随着激励强度增加,劳动效益减小。如固定薪酬为 800 元/月时,激励强度从 0.16 增大到 0.5 时,G0>G1。

根据劳动效益效用公式可知,进行效用计算后,劳动效益效用值将在 0—0.7 激励强度范围内,随激励强度增加逐渐从 0 增加到 1(变化趋势与图 6-8 一致,不再作图)。因此,在有效激励强度范围内,从劳动效益来看,随激励强度增加,组织激励效用减小。

需要注意的是,第三章激励强度与组织劳动效益的数理分析得到,激励强度与劳动效益并没有确定的关系,受具体组织的部门经济技术关系、部门薪酬、资产折旧等因素的影响。基于 A 公司的实证分析得到的仅是 A 公司激励强度与组织效益的关系,结论无普遍意义。

同理,根据运算结果绘制激励强度与部门劳动效益关系图,见

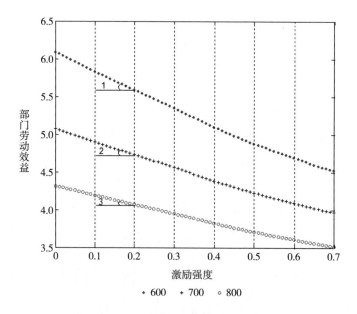

图 6-9　激励强度与部门劳动效益

图 6-9。由图 6-9 知,部门劳动效益与激励强度的变化趋势与

图 6-8 中组织劳动效益与激励强度的变化趋势基本一致,即随激励强度增加,部门劳动效益减小。

将组织劳动效益、部门劳动效益进行比较,见表 6-11。从数据可知,营销 1 部门的劳动效益远远高于组织劳动效益。同时,在同一固定薪酬线上,部门劳动效益的下降速度随激励强度的增加而减小;激励强度不变时,固定薪酬越高劳动效益下降速度越缓。见图 6-9 标示的 $\angle 1$、$\angle 2$、$\angle 3$,有 $\angle 1 > \angle 2 > \angle 3$。可知,固定薪酬为 600 元/月时,该线在该区间与水平线夹角的正切值最大,即变化率最大。

表 6-11　组织劳动效益、部门劳动效益比较

激励强度	组织效益			部门效益		
	600	700	800	600	700	800
0	2.3022	2.2708	2.2400	6.0854	5.0732	4.3140
0.10	2.2993	2.2680	2.2372	5.8318	4.9005	4.1924
0.20	2.2963	2.2650	2.2343	5.5872	4.7316	4.0723
0.30	2.2930	2.2618	2.2312	5.3456	4.5625	3.9509
0.40	2.2893	2.2582	2.2276	5.0950	4.3848	3.8219
0.50	2.2858	2.2547	2.2242	4.8737	4.2257	3.7055
0.60	2.2827	2.2516	2.2211	4.6881	4.0909	3.6060
0.70	2.2797	2.2486	2.2182	4.5186	3.9666	3.5137

(3)A 公司营销部实证分析结论

个体激励效用:在有效激励强度范围内,当固定薪酬不变时,激励强度增加,员工薪酬增加,员工激励效用增加。

组织激励效用:在有效激励强度范围内,当固定薪酬不变时,随激励强度增加,组织总产出增加,全员劳动生产率增加,劳动效益减小。

从全员劳动生产率角度来看,随激励强度增加,组织激励效用增加,组织通过提升激励强度而受益;但从劳动效益角度来看,激励强度增加,组织激励效用减小,组织提升激励强度利益受损。

由于组织效用由全员劳动生产率和劳动效益共同决定,且组织需要根据发展需求确定两者的权重。因此,从全员劳动生产率和劳动效益两个角度来看,激励强度与组织激励效用无确定关系。

3. 激励强度确定

以上分析了营销1部门激励强度与组织激励效用、个体激励效用的关系。本节将在确定的效用指标权重基础上,通过激励强度确定模型,综合考虑个体激励效用和组织激励效用,在一定约束条件下求解营销1部门的最佳激励强度。

(1)权系数

在求解多目标问题时,本节采用单目标问题的多目标求解法(线性加权法)。该方法需要根据目标函数的重要程度,分别赋予一定的权系数 w_i,然后将所有目标函数加权求和作为新的目标函数,在多目标规划(MOP)的可行域 S 上求出新目标函数的最优值。具体而言,就是将多目标模型考虑为单目标优化问题。

设与各目标 f_i 对应的非负权系数为 w_i,权向量 $W = (w_1, w_2, w_3)$ 为决策者决策激励效用特征向量,是由决策者各自的激励偏好决定的,w 取自以下集合:

$$\left\{ w \mid w_i > 0, \sum_{i=1}^{3} w_i = 1 \right\} \tag{6-11}$$

由于决策者对于本书中三种目标因素的重要度没有先验知识,研究者无法直接得到权系数。所以,本书采用层次分析法

（Analytic Hierarchy Process，AHP）对权系数进行确定。这种方法适用于结构较为复杂、决策准则较多而且不易量化的决策问题。

以下采用层次分析法（AHP）计算权重。首先，提出总目标是"确定适当的效用比例"。其次，建立层次结构，把问题分为三层：第一层为总目标；第二层为准则层，该层因素为"组织激励效用"和"员工个体激励效用"；第三层为措施层（方案层），该层方案为劳动效益、劳动生产率、个体薪酬，具体见图6-10。

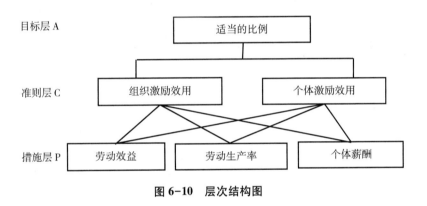

图6-10　层次结构图

各因素之间进行两两比较得到量化的判断矩阵，引入1—9标度，见表6-12。由A公司经理进行判断，得到A-C判断矩阵为：

$$\begin{bmatrix} A & c_1 & c_2 \\ c_1 & 1 & 3 \\ c_2 & 0.333 & 1 \end{bmatrix}$$

表6-12　标度定义

标度 a_{ij}	定义
1	i 因素与 j 因素同等重要
3	i 因素比 j 因素略微重要
5	i 因素比 j 因素相当重要

续表

标度 a_{ij}	定义
7	i 因素比 j 因素明显重要
9	i 因素比 j 因素绝对重要
2,4,6,8	为以上两判断之间的中间状态对应的标度值
倒数	若 i 因素与 j 因素比较,得到的判断值为 a_{ji} ,则因素 j 与 i 相比的判断为 $a_{ji}=\dfrac{1}{a_{ij}}$

求得特征向量 $B_1 = [0.7501, 0.2499]^T$,最大特征值 $\lambda_{max} = 2$,利用一致性指标 C.I 检验得到: $C.I = \dfrac{\lambda_{max} - 2}{2 - 1} = 0 \leqslant 0.1$,因此判断矩阵 A 为满意的。

$C - P$ 判断矩阵(组织激励效用,个体激励效用)如下:

$$P_2^{(1)} = \begin{vmatrix} C & p_1 & p_1 & p_3 \\ p_1 & 1 & 3 & 5 \\ p_2 & 0.33 & 1 & 3 \\ p_3 & 0.2 & 0.33 & 1 \end{vmatrix}$$

$P_2^{(1)}$ 的特征向量为: $\nu_1 = [0.633 \quad 0.260 \quad 0.106]^T$,最大特征值 $\lambda_{max}^1 = 3.038$ 。

利用一致性指标 C.I 检验得到: $C.I = \dfrac{\lambda_{max} - 3}{3 - 1} = 0.0190 \leqslant 0.1$,因此判断矩阵为满意的。

$$P_2^{(2)} = \begin{vmatrix} C & p_1 & p_2 & p_3 \\ p_1 & 1 & 1 & 0.2 \\ p_2 & 1 & 1 & 0.33 \\ p_3 & 5 & 3 & 1 \end{vmatrix}$$

$P_2^{(2)}$ 矩阵的特征向量为: $\nu_2 = [0.158 \quad 0.187 \quad 0.656]^{\mathrm{T}}$,最大特征值为 $\lambda_{\max}^2 = 3.029$。

利用一致性指标 C.I 检验得到: $\mathrm{C.I} = \dfrac{\lambda_{\max} - 3}{3 - 1} = 0.0144 \leqslant 0.1$,因此判断矩阵为满意的。

则有:

$$B_2 = \begin{array}{c|cc} & \text{组织效用} & \text{个体效用} \\ \hline \text{劳动效益} & 0.633 & 0.158 \\ \text{劳动生产率} & 0.260 & 0.187 \\ \text{个体薪酬} & 0.106 & 0.656 \end{array}$$

由此,可以得到劳动效益 w_1、全员劳动生产率 w_2 和个体薪酬 w_3 的权系数,从而有: $w = B_2 B_1 = [0.5148 \quad 0.2418 \quad 0.2434]^{\mathrm{T}}$

(2)激励强度与效用

本节运用激励强度确定模型,在约束条件下求营销1部门最佳激励强度。根据该工种的市场价格,确定部门薪酬约束条件为:最低薪酬 750 元/月,最高薪酬 1000 元/月。

利用 MATLAB 编程计算得到:当固定薪酬为 600 元/月时,在各个效用值均大于 0.1 的条件约束下,激励强度为 0.142 时,激励效用达到最大值,即 Umax = 0.4947;激励强度为 0.467 时,激励效用达到最小值,即 Umin = 0.4692。根据数据作出激励强度与效用值曲线图,见图 6-11。

分别计算固定薪酬为 600 元/月、700 元/月、800 元/月的效用值。在效用值大于 0.1 的条件约束下,固定薪酬为 700 元/月时,激励强度为 0.096 时,激励效用达到最大值,即 Umax = 0.5003;激励强度为 0.462 时,激励效用达到最小值,即 Umin = 0.4677。在效

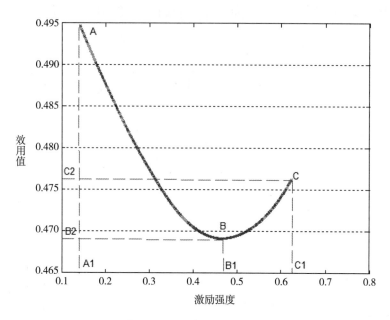

图6-11　激励强度与效用值

用值大于 0.1 的条件约束下,固定薪酬为 800 元/月时,激励强度为 0.096 时,激励效用达到最大值,即 Umax = 0.4997;激励强度为 0.458 时,激励效用达到最小值,即 Umin = 0.4660。可见,首先,在相同的激励强度下,固定薪酬越高,总效用值越低。因此,在薪酬设计中,需要适当地控制固定薪酬,以确保激励总效用值。其次,固定薪酬越大,激励强度取值范围越小,即高固定薪酬与低激励强度配合。固定薪酬为 600 元/月时的激励强度取值范围为[0.142, 0.623];固定薪酬为 700 元/月时的激励强度取值范围为[0.096, 0.622];固定薪酬为 800 元/月时的激励强度取值范围为[0.096, 0.469]。

在某个激励强度范围之内,增大激励强度或提升固定薪酬对效用总值带来负面影响。对于不期望扩张的组织而言,组织以较小的激励强度和较小的固定薪酬对总效用的提升有一定作用。当激励强度超过某个强度范畴,将出现激励强度增加、效用增加的情况,因此,对于正在扩张、发展的组织而言,选择较大的激励强度是较好的决策。

　　因为 A 公司第二分店并无扩张的计划,以维持现有业绩为主要经营策略。因此,打算采用较低固定薪酬和较低激励强度的薪酬政策。营销部激励方案激励强度应为 0.142。该强度下变动薪酬的发放方法,见表 6-13。表中分列了当部门固定薪酬为 600元/时,营销部门变动薪酬的激励方案。

表 6-13　业绩表现与薪酬[营销部]

业绩表现	非常低	比较低	一般	比较高	非常高
变动薪酬	90	140	180	230	280

注:数据已取整。

　　从表 6-13 可以看出,该薪酬激励方案选择了较小的激励强度,以保证适当的组织、个体激励效用以及总效用值。由于,在对个体激励效用和组织激励效用进行权衡时,A 公司经理人比较明显地偏向了组织效用一方,因此也导致了薪酬设计中选择了较小的激励强度。这种选择与当时公司发展状态有很大的关系。在一定的公司规模下,A 公司并不急于通过营销部的高效用值拉动公司的发展,而是期望通过稳定的经营收益增强公司实力。

二、食品部门

本节对食品部的分析沿用上一节的分析思路,但是不对固定薪酬做细分。选择食品部的主要原因在于前面分析数据显示,食品部总产出、增加值占比在 A 公司占比为最大,居 6 部门之首。

同时,食品部也是员工较多的部门,属于中间投入型基础部门,对公司发展的感应度很高,容易成为公司发展的瓶颈。

1. 问卷调查及数据拟合

根据"薪酬方案与业绩表现调查表",对 A 公司食品部人员进行调查,样本总量为 65。从调查结果可知,在 0—0.8 激励强度范围内,个体业绩随激励强度增加而增加,有效的激励强度范围为 $[0,0.8]$。由于该部门总人数为 87 人,管理人员比例较小(5 人),所以在进行部门研究时,不再进行部门调整。

不同的方案对应着不同的激励强度,不同的业绩类型对应着不同的业绩表现。可根据个体在不同激励方案下的业绩分布确定出业绩表现。设定个体五类业绩表现对应的业绩量值为 200、300、400、500、600。根据问卷调查结果确定食品部门个体在不同激励方案下的业绩分布情况,并由此得到不同激励强度下部门变动薪酬支付关系。

由调查结果可以确定不同薪酬强度下的部门个体业绩值和个体变动薪酬。对离散数据进行多项式拟合,可得到 $[0,0.8]$ 不同薪酬强度下的拟合图形(见图 6-12),个体的变动薪酬拟合方程为:

$$y = -(1.9471e + 008) \times x^8 + (5.829e + 008) \times x^7 - (7.1485e + 008) \times x^6 + (4.6676e + 008) \times x^5 - (1.7682e + 008) \times x^4 + (3.9331e + 007) \times x^3 - (4.5285e + 006) \times x^2 + (5.1156e + 005) \times x - (1.7951e - 008)$$

(6-12)

2. 激励强度与激励效用

(1)激励强度与个体激励效用

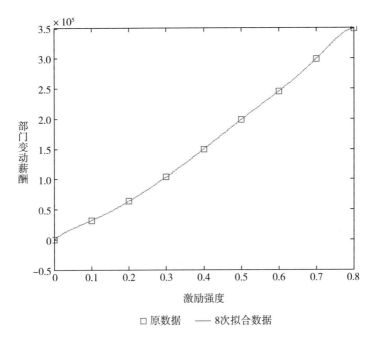

图 6-12　激励强度与部门薪酬拟合［食品部］

利用调查数据,根据个体激励效用公式可计算得到激励强度与个体激励效用的量化关系。在计算机运算过程中,设置步长为 0.001,绘制激励强度与个体激励效用关系图(见图 6-13)。由图 6-13 可知,在有效激励强度范围内,当固定薪酬不变时,随激励强度的增加,食品部个体激励效用增加。该结论与第三章数理分析结论一致。

(2)激励强度与组织激励效用

①总产出

利用程序进行计算,根据计算机输出数据作出激励强度与总产出关系图(见图 6-14)。

由图 6-14 可知,在有效激励强度范围内,当固定薪酬不变时,随激励强度的增加,组织总产出增加。同时,激励强度较低时

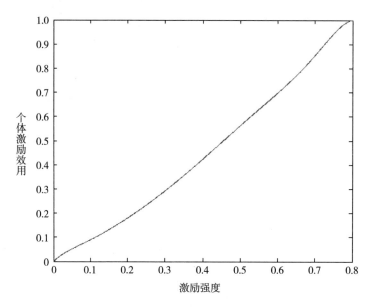

图 6-13　激励强度与个体激励效用［食品部］

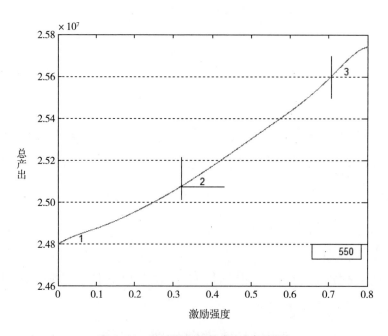

图 6-14　激励强度与总产出［食品部］

总产出随激励强度增加变化较小。激励强度增大,总产出增幅增加。从图中∠1、∠2、∠3 的递增关系可知,激励强度越大,组织总产出提升越快。

　　②全员劳动生产率

　　根据计算机输出数据作出激励强度与全员劳动生产率关系图(见图6-15)。由图 6-15 可知,在有效激励强度范围内,当固定薪酬不变时,随激励强度增加,全员劳动生产率增加。

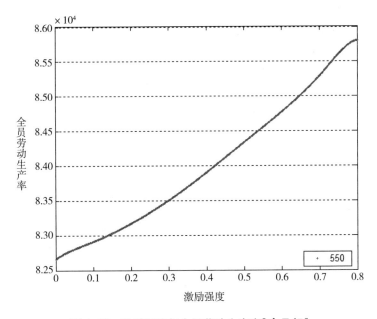

图6-15　激励强度与全员劳动生产率[食品部]

　　根据全员劳动生产率效用公式进行效用计算,组织全员生产率效用值将在0—0.8 激励强度范围内,随激励强度增加逐渐从0增加到1(变化趋势与图6-14 基本一致,不再作图)。因此,从全员劳动生产率来看,在有效激励强度范围内,随激励强度增加,组织激励效用增加。

③劳动效益

根据计算机输出数据作出激励强度与劳动效益关系图(见图 6-16)。由图 6-16 可知,在有效激励强度范围,当固定薪酬不变时,随激励强度增加,组织劳动效益减小。对比营销部劳动效益曲线,食品部劳动效益曲线下降的速度更快。由此可见,食品部虽然可以给组织带来较高的总产出和生产率,却大大削减了组织的劳动效益。因此,对食品部激励强度的确定需要多方权衡。

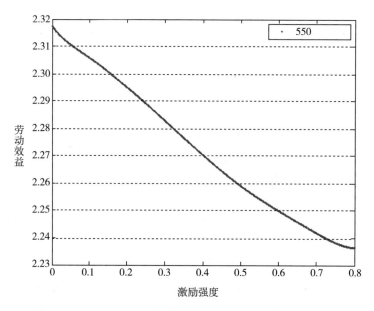

图 6-16　激励强度与劳动效益[食品部]

根据劳动效益效用公式进行效用计算,劳动效益效用值将在 0—0.8 激励强度范围内,随激励强度增加逐渐从 0 增加到 1(变化趋势与图 6-16 一致,不再重复作图)。因此,从劳动效益来看,在有效激励强度范围内,随激励强度增加,组织激励效用减小。

第三章对激励强度与组织劳动效益的数理分析结论认为,激励强度与劳动效益并没有确定的关系,受具体组织的部门经济技术关系、部门薪酬、资产折旧等因素的影响。基于 A 公司的实证分析得到的仅仅是 A 公司激励强度与组织效益的关系,结论无普遍意义。

(3)A 公司食品部实证分析结论

在有效激励强度范围内,当固定薪酬不变时,激励强度增加,个体薪酬增加,个体激励效用增加。

在有效激励强度范围内,当固定薪酬不变时,随激励强度增加,组织总产出增加,全员劳动生产率增加,劳动效益减小。

从全员劳动生产率角度来看,随激励强度增加,组织激励效用增加,组织通过提升激励强度而受益;但从劳动效益角度来看,随激励强度增加,组织激励效用减小,组织提升激励强度利益受损。

由于组织效用由全员劳动生产率和劳动效益共同决定,且组织需要根据发展需求确定两者的权重。因此,从全员劳动生产率和劳动效益两个角度看,激励强度与组织激励效用无确定关系。

3. 激励强度确定

从 A 公司的薪酬调查中可以看出,食品部人员的薪酬明显低于营销部人员,平均薪酬为 671. 2 元/月。通过调查得到的基础数据为:625 元/月为员工的参与约束,即市场最低平均薪酬;该工种市场最高平均薪酬为 800 元/月。因此,在本分析中设定固定薪酬为 550 元/月,研究在市场最低薪酬为 650 元/月、最高薪酬为 800 元/月的条件约束下,薪酬强度与效用的关系。

对劳动效益、劳动生产率、个体薪酬三个方面的权重仍采用上一节的权重指标, w = [0.5148　0.2418　0.2434]^T 。计算激励强度与效用值,并作出关系图(见图6-17)。

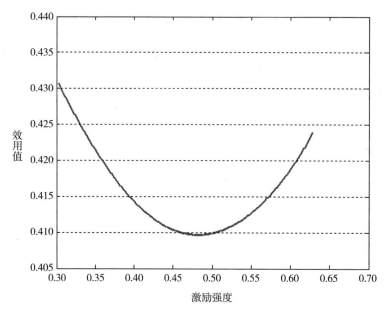

图6-17　激励强度与效用值[食品部]

在固定薪酬为550元/月以及其他条件约束下,食品部激励强度范围为[0.303,0.628]。激励强度为0.303时,激励效用达到最大值 Umax = 0.4306;激励强度为0.482时,激励效用达到最小值Umin = 0.4097。由图6-17可知,在激励强度[0.303,0.482)区间,激励效用总值随强度增加而下降;在激励强度[0.482,0.628]区间,激励效用随激励强度增加而增加。同时,我们注意到在两个不同的区间,有两个激励强度点对应于相同的效用值。这说明不同的决策者在激励效用偏好的情况下,可以根据偏向于组织效用或偏向于个体效用作出决策。该强度下变动薪酬的发放方法,见表6-14。

表 6-14 业绩表现与薪酬 ［食品部］

业绩表现	非常低	比较低	一般	比较高	非常高
变动薪酬	60	90	120	150	180

注:数据已取整。

从表 6-14 可以看出,该薪酬激励方案选择了较小的激励强度,以保证组织激励效用与个体激励效用。由于,在个体效用和组织效用进行权衡时,Ａ公司经理人比较明显地偏向了组织效用一方,导致了薪酬设计中选择了较小的激励强度,这种选择与公司发展状态有很大的关系。

作出营销部与食品部激励强度与效用值比较图(见图 6-18),图中用"ο"表示营销部效用值曲线,"＊"表示食品部效用值曲线。

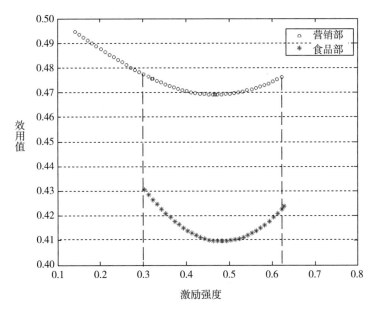

图 6-18 部门效用对比 ［食品部］

对比营销部和食品部的效用值曲线可知:在相同激励强度下,激励营销部的效用值远远大于食品部。食品部激励给组织效用带来的波动大于营销部,在相同激励强度范围内,营销部效用值变化较小,食品部效用值变化较大。因此在是否采取激励策略上,应首先考虑营销部门。

三、研究结论比较

本节从两个方面进行研究结论比较。一是数理分析结论与实证分析结论比较;二是实证分析结论与相关研究比较。

1. 数理分析结论与实证分析结论

前面数理分析得出的结论为:

(1)在有效激励强度范围内,当固定薪酬不变时,随激励强度增加,个体薪酬增加,个体激励效用随激励强度的增大而增大;

(2)在有效激励强度范围内,当固定薪酬不变时,随激励强度增加,组织总产出增加;

(3)在有效激励强度范围内,当固定薪酬不变时,随着激励强度增加组织的全员劳动生产率增加,组织的全员劳动生产率效用值增加;

(4)在有效激励强度范围内,当固定薪酬不变时,组织劳动效益与激励强度无确切关系,两者关系受部门经济技术关系、部门薪酬、资产折旧等因素影响。

本节对 A 公司营销部、食品部的实证分析结论与数理分析前三点一致,验证了数理分析前三点结论。

对于第四点激励强度与劳动效益的关系,实证分析中运用 A 公司具体数据,计算出了激励强度与劳动效益的数量关系。需要注意的是,在 A 公司中激励强度与劳动效益的反比变化关系仅代表了各种可能关系中的一种,不具有普遍意义。因此,实证结论中激励强度与劳动效益的反比关系和数理分析结论第四点不相悖。

2. 实证分析结论与相关研究比较

由于研究者对个体业绩工资激励的讨论多在理论层面,对个体薪酬激励与组织产出关系的研究文献较少,分析可比对的结论有限。就组织个体薪酬激励与组织产出的关系实证研究比较有说服力的是拉泽尔的相关研究。

拉泽尔就业绩工资对生产率的具体影响做了详尽的实证研究。他在《业绩和生产率》[①]一文中提出:实行业绩工资会对工人平均产出产生显著影响;业绩工资引起的平均生产率提高会使企业和个体双方受益,但并不一定会增加企业的利润,其原因是劳动力成本、业绩考核成本等相应上升。拉泽尔的检验工作尽管只运用了一个企业的数据,更像一个案例分析,但是它揭示了报酬政策在影响产量中的重要性。

将本书分析结论与拉泽尔的相关研究结论进行比对:

(1)本书研究发现,在有效激励强度范围内,当固定薪酬不变时,随激励强度增加,部门产出和组织产出增加,即业绩工资会对个体产出产生影响。

拉泽尔认为,业绩工资会对工人平均产出产生显著影响。他对计时和计件薪酬进行了实证,其提及的显著影响是针对计时薪酬制度而言的。就"业绩工资会对个体产出产生影响"而言,本分析与拉泽尔的观点基本一致。不同的是,本分析是从激励强度与

---

① E.P. Lazear,"Performance Pay and Productivity",*American Economic Review*,Vol.90,No.5,2000.

组织产出、部门产出的关系得到此结论。

（2）本书研究发现，在有效激励强度范围内，当固定薪酬不变时，随着激励强度增加，个体薪酬增加，组织的全员劳动生产率增加，组织劳动效率下降。也就是说，业绩工资的提升引起了劳动生产率的提高，使得个体受益（薪酬增加）、组织受益（总产出增加、劳动生产率增加），但是不一定增加组织利润（劳动效益减少）。

拉泽尔认为，平均生产率提高会使企业和个体双方受益，但并不一定会增加企业利润，其原因是劳动力成本等也相应地上升。本书分析结论与拉泽尔的观点基本一致。实证中得到的 A 公司激励强度与劳动效益的反向关系，正好说明了当劳动生产率提高时，组织利润不一定增加的结论。

模型分析结论与拉泽尔的相关研究结论吻合，证实了模型的有效性。

第三节　系统时滞分析

本节利用系统激励 SD 模型进行仿真实验，并对实验数据进行分析。

一、模型 I 系统仿真及分析

设初始时间为 0，终止时间为 104 周（2 年），时间步长为周，目标业绩滞延周期为 1、4、13、26 周，系统仿真得到个体满意度曲线，见图 6-19。图中 1、2、3、4 线分别代表时滞周期为 26、13、4、1 周的个体满意度随时间变化关系。

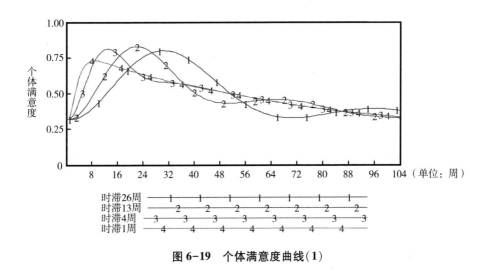

图 6-19　个体满意度曲线(1)

由图 6-19 可知:

(1)仿真实验前期,个体业绩达成时滞越小,个体满意度越高;个体业绩达成时滞越大,个体满意度越低。在图 6-19 中,在相同时间点上 1 线对应的个体满意度小于 2 线、3 线、4 线个体满意度,大小依次排序为 1 < 2 < 3 < 4。由此可见,个体业绩达成时滞造成激励的延迟,延迟的激励使个体激励效用减小,且时滞越大个体激励效用损失越大。

(2)不同时滞个体满意度最大值不同。由仿真数据可知,时滞 13 周(2 线)时个体满意度最大值最大;时滞 1 周(4 线)时,个体满意度最大值最小,时滞 4 周(3 线)时个体满意度最大值较 4 线、1 线大,时滞 26 周(1 线)时最大值小于 2 线、3 线。有 0.7312(4 线)< 0.8013(1 线)< 0.8132(3 线)< 0.8290(2 线)。

(3)仿真实验后期,不同时滞对个体满意度的影响趋于一致。随着时间增加,个体满意度值在达到最大值后逐渐下降,且趋于同一值。也就是说,在某时间后不同时滞对个体满意度的负作用可忽略。

因此,应该根据个体入职的时间长短来制定薪酬政策。仿真实验前期,时滞对个体满意度的影响大,对新入职个体可考虑给予一定的经济补偿,以提升个体满意度;系统实验后期个体业绩达成时滞对个体满意度的影响趋于一致,所以增加个体在企业中的留存时间也是解决时滞问题的方法。

结合不同时滞下"期望业绩"线来分析个体满意度的变化原因,见图6-20。

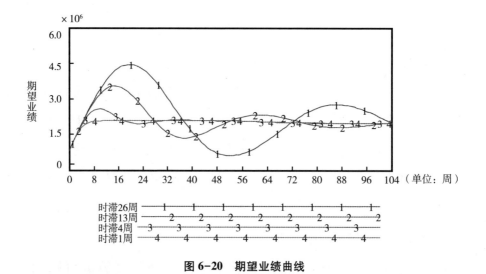

图6-20　期望业绩曲线

图6-20中,1、2、3、4线分别代表时滞为26、13、4、1周的期望业绩曲线。个体期望的业绩在某一时间点达到最大值。1、2、3、4线最大期望业绩值为:

4454338(1线)>3543604(2线)> 2563110(3线)2076088(4线)。

时滞1周时,期望业绩在第27周缓慢达到最大值;时滞4周时,期望业绩在第10周达到最大值;时滞13周和26周分别在第

15、20周达到最大值。同时,当期望值到达一定高度后会逐渐降低,从图6-20中可以看到3线个体业绩期望值(时滞4周)在第10周(2.3个月)达到最大值后,开始下降直到第23周(5.3个月)达到最低。

结合图6-19和图6-20可知,个体期望业绩与时滞有较大的联系。时滞越长,实验前期个体期望业绩就越大;时滞越小,实验前期个体期望业绩越小。时滞小时,个体努力与业绩之间的关系容易观察,信息反馈快,个体期望业绩与实际业绩一致性较好。反之,时滞越长,个体努力与业绩之间的关系难以观察,信息反馈慢,个体难以对自身业绩作出正确预计。

对实验数据和现实情况进行比较。经对A公司管理人员的调查确认,A公司营销人员平均个体业绩达成时滞约为1个月(4周),新个体离职高峰期为前2个月。根据仿真数据,比较前6个月平均值,仿真实验前期个体在前8周的满意度低迷,个体流失率会较大。仿真分析结论与公司实际情况基本吻合。结合以上分析,对A公司而言,特别需要注意2个月内的新个体,关注新个体离职问题。给予新个体一定的经济补偿,以提升个体满意度;或延长新个体在公司中的停留时间,缓解由于个体业绩达成时滞带来的激励效用损失问题。

二、模型Ⅱ系统仿真及分析

系统激励SD模型Ⅱ中存在个体业绩达成时滞和薪酬调整时滞。首先在不考虑个体业绩达成时滞变化的情况下对薪酬调整时滞进行讨论,以观察薪酬调整时滞对个体激励效用的影响。然后同时考虑两个时滞的变化,进一步了解在不同情况下系统的未来行为。

令个体业绩达成时滞稳定,设为1周。设初始时间为0,终止时间为156周(3年),时间步长为1周。薪酬调整时滞周期为1、4、13、52周,不同时滞对应不同的人力资源薪酬政策。系统仿真得到个体满意度曲线,见图6-21。图中1、2、3、4线分别代表时滞周期为52、13、4、1周的员工满意度随时间变化关系。

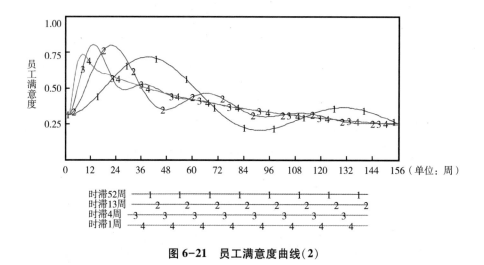

图6-21 员工满意度曲线(2)

由图6-21可知:

(1)仿真实验前期,薪酬调整时滞越小,个体满意度越高;薪酬调整时滞越大,个体满意度越低。薪酬调整时滞为1周时,个体满意度最高。薪酬调整时滞为52周时,个体满意度最低。时滞4、13周的情况介于两者之间。

由此可见,周薪制可以很好地保证系统前期个体的满意度。月薪、季度奖励、年终奖励等薪酬调整策略在系统前期的个体满意度低。薪酬调整时滞造成了激励的延迟,延迟的激励使个体激励效用减小,且时滞越大个体激励效用的损失越大。

（2）不同时滞个体满意度最大值不同。从满意度最大值来看，4线排列从大到小依次为：

4周（0.8014）＞13周（0.7977）＞1周（0.7356）＞52周（0.7160）。

月调整个体满意度最大值最大，年度调整满意度最大值最小。

（3）仿真实验后期，不同时滞对个体满意度的影响趋于一致。随着时间增加，个体的满意度值在达到最大值后逐渐下降，且趋于同一值。也就是说，在某时间后不同时滞对个体满意度的负作用可忽略。因此，增加个体在企业中的留存时间是解决时滞问题的一种方法。

（4）薪酬调整时滞越大，个体满意度的波动区间越大。由图6-21可知，以1周为薪酬调整周期导致的个体满意度波动较小；以年为周期导致满意度波动最大。相对周调整而言，月调整的个体满意度与时间长短有关。如月调整在0—10周（2.3个月）员工满意度小于周调整；在35—48周（8.7个月）的员工满意度高于周调整。此后两者满意度相差较小，有轻微波动。季度调整和年度调整导致个体满意感波动较大。在3年内的线条呈现明显的波浪型。

综上所述，不同薪酬调整时滞对个体满意度有不同的影响。仿真实验前期，薪酬调整时滞越小，个体满意度越高，且适当的薪酬调整时滞可以带来个体更高的满意度。分析结论进一步说明了，薪酬调整时滞造成了延迟的激励，导致了激励部分失效。从薪酬政策的角度来说，好的薪酬政策既需要给个体带来较高的满意度又需要尽量减少系统前期激励效用的损失，薪酬调整时滞的大小选择应综合权衡两者。

前文令个体业绩达成时滞稳定，对薪酬调整时滞周期进行了分析,下文考虑两个时滞共同变化的情况。由于仿真运算的量较大,为合理减少仿真次数,对时滞周期进行了这样的假定:时滞周期小为 1 周、时滞周期中为 4 周,时滞周期大为 13 周。这样的取值虽有限,但基本可概括本书需要得到的分析数据。由此得到的两个时滞状态可能导致以下几种情况,见表 6-15。

表 6-15　业绩达成时滞与薪酬调整时滞

业绩达成时滞 / 薪酬调整时滞	小[1 周]	中[4 周]	大[13 周]
小[1 周]	(1,1)[9 线]	(1,4)[8 线]	(1,13)[7 线]
中[4 周]	(4,1)[6 线]	(4,4)[5 线]	(4,13)[4 线]
大[13 周]	(13,1)[3 线]	(13,4)[2 线]	(13,13)[1 线]

根据假设进行系统仿真,得到仿真图形,见图 6-22。由仿真数据和图 6-22 可知:

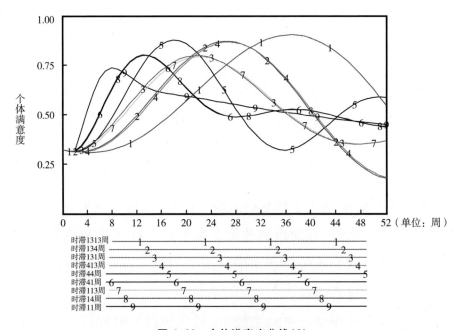

图 6-22　个体满意度曲线(3)

（1）个体业绩达成时滞与薪酬调整时滞和相等时，个体满意度趋于一致。图中可见（2,4）线、（3,7）线以及（6,8）线趋于重合，这三组线的时滞和相等。

（2）仿真实验前期，薪酬调整时滞不变时，个体业绩达成时滞越大，个体满意度越小。对比（7,8,9）线、（4,5,6）线、（1,2,3）线可得该结论。

（3）仿真实验前期，个体业绩达成时滞不变时，薪酬调整时滞越大，个体满意度越小。对比（3,6,9）线、（2,5,8）线、（1,4,7）线可得该结论。

（4）仿真实验前期，薪酬调整时滞和个体业绩达成时滞和越大，个体满意度越低。由此可见，仿真实验前期各线的个体满意度排序为：

1> 2(4)> 3(7)> 5> 6(8)> 9。

总之，两种时滞对个体满意度的影响较大，在系统实验前期均有时滞越大，个体激励效用受损越大。

三、模型Ⅲ系统仿真及分析

1. 组织业绩达成时滞与组织满意度

令个体业绩达成时滞、薪酬调整时滞稳定，设置为 4 周。设初始时间为 0，终止时间为 156 周，时间步长为 0.5 周，组织业绩达成时滞周期为 2、8、13、26 周，系统仿真得到组织满意度曲线，见图 6-23。

由仿真数据和图 6-23 可知：

（1）仿真实验前期，组织业绩达成时滞越大，组织满意度越

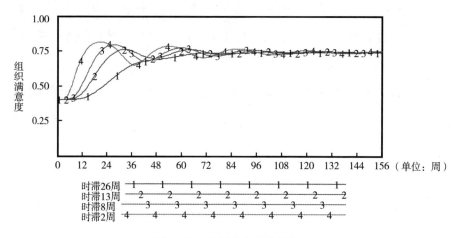

图 6-23 组织满意度曲线(1)

低;组织业绩达成时滞越小,组织满意度越大。图中 4 条线在相同的时间点上对应的组织满意度随时滞增大而减小,即组织业绩达成时滞越大,组织激励效用损失越多。

分析中组织满意度指标也是激励扭曲程度指标。由图 6-23 可知,仿真实验前期,组织满意度小,激励扭曲大,且组织业绩达成时滞越大,激励扭曲越大。从业绩指标时限来看,业绩指标时限小(仿真实验前期),激励扭曲大。

(2)不同时滞组织满意度最大值不同。仿真实验前期,组织满意度随时间增加而增加,增至最大值。组织业绩达成时滞越小,组织满意度越大。满意度最大值从大到小依次排序为:

4 线(0.813799)> 3 线(0.790432)> 2 线(0.761432)> 1 线(0.743795)。

(3)仿真实验后期,不同时滞对组织满意度的影响趋于一致。随着时间增加,组织满意度值在达到最大值后逐渐下降,且趋于同一值。也就是说,在某时间后不同时滞对组织满意度的负作用可忽略。其中,2、3、4 线的形状相似,呈现波型,且时滞越大波动越小。1 线在 0—73 周呈现缓慢增长,与其他三线形状有较大差异。图 6-23 中各线在 151 周以后逐渐趋于 0.74 这一满意度值。

因为组织满意度指标也是激励扭曲程度指标,由图可知,仿真实验后期,组织满意度大,激励扭曲小。从业绩指标时限来看,业绩指标时限大(仿真实验后期),激励扭曲小。综合以上分析可知,业绩指标时限小,激励扭曲大;业绩指标时限大,激励扭曲小。该分析结论与贝克的观点一致。

个体满意度曲线见图 6-24。由图可知:组织业绩达成时滞对个体满意度的影响非常小。图中 1、2、3、4 线基本重合。通过仿真数据平均值的细微差别可知,组织业绩达成时滞对个体满意度影响规律为:组织业绩达成时滞越大,个体满意度越低。将 4 线个体满意度平均值从大到小依次排列如下:

1 线(0.3975)<2 线(0.3977)<3 线(0.3978)<4 线(0.3979)。

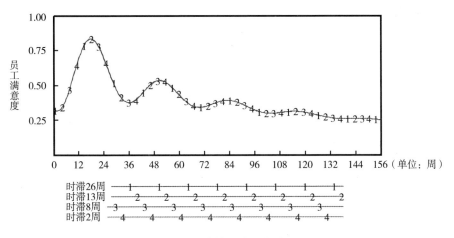

图 6-24 个体满意度曲线(4)

总之,组织业绩达成时滞对组织激励效用影响大,对个体激励效用影响非常小。个体信息隐匿时间越长,组织满意度受损越重,激励扭曲越大。个体满意度受组织业绩达成时滞的影响,但值轻微,可以忽略。因此,对组织激励效用的分析应对组织业绩达成时滞给予关注,在对个体的分析中,该时滞对个体满意度的影响可以忽略。

2. 个体业绩达成时滞与组织满意度

前面基于个体激励系统对个体业绩达成时滞进行了分析,得到了个体业绩达成时滞与个体满意度的关系。本节将在组织激励系统中进一步分析个体业绩达成时滞与组织满意度的关系。

令组织业绩达成时滞、薪酬调整时滞稳定,均设置为 4 周。设初始时间为 0,终止时间为 156 周,时间步长为 0.5 周,个体业绩达成时滞周期为 1、4、13、26 周,系统仿真得到组织满意度变化趋势,见图 6-25[①]。

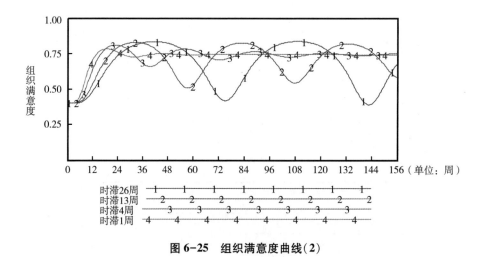

图 6-25 组织满意度曲线(2)

以图 6-25 中的第 4 线(个体业绩达成时滞为 1 周)为基准,

---

① 员工满意度曲线与图 6-19 类似,不再复举。

比较 1、2、3 线变化趋势,可知:

(1)仿真实验前期,个体业绩达成时滞越大,组织满意度越低;个体业绩达成时滞越小,组织满意度越高。该结论与实际情况吻合,即个体产生实际业绩所需时间越长,组织业绩提升越慢,组织满意度越低。

(2)组织满意度曲线呈现比较规律的波型,且个体业绩达成时滞越大,组织满意度变化周期越长。由图可知,个体业绩达成时滞越大,曲线波峰与波峰之间的距离越宽,即组织满意度从一个波峰下滑上升至另一个波峰的时差越大。当个体业绩时滞高达 26 周(半年)时,组织满意度在 0—41.5 周呈现上升趋势,组织在前面 24 周的满意度都低于业绩时滞 1 周的情况;在 24—58 周的满意度高于业绩时滞 1 周的情况;此后 58—92 周的满意度远远低于业绩时滞 1 周的情况。总之,在前 96 周(近 2 年)时间范围内,1 线组织满意度高于 4 线的时间只有 34 周。因此,个体业绩时滞越大对组织满意度影响越为不利。

综合前面分析可得,个体业绩达成时滞对组织满意度和个体满意度的影响很大;仿真实验前期,个体业绩达成时滞越大,组织满意度、个体满意度越低;个体业绩达成时滞越小,组织满意度、个体满意度越高。因此,该时滞是薪酬设计者必须关注的要素。

分析中组织满意度指标也是激励扭曲程度指标。由图可知,仿真实验前期,组织满意度小,激励扭曲大,且个体业绩达成时滞越大,激励扭曲越大。从业绩指标时限来看,业绩指标时限小(仿真实验前期),激励扭曲大。仿真实验后期,个体业绩达成时滞小或中(1、4 周)时,组织满意度大,激励扭曲小,即业绩指标时限大,激励扭曲小;个体业绩达成时滞大(13 周及以上)时,激励扭曲呈现波型。也就是说,当个体业绩达成时滞较小或中时,业绩指标时限小,激励扭曲大,业绩指标时限大,激励扭曲小,该分析结论与贝克的观点一致。当个体业绩达成时滞大时,业绩指标时限小,激励扭曲大,业绩指标时限大,激励扭曲大小呈现波动变化。

3. 薪酬调整时滞与组织满意度

前面基于个体激励系统对薪酬调整时滞进行了分析,得到了薪酬调整时滞对个体满意度的影响。本节将在组织激励系统中进一步分析薪酬调整时滞对组织满意度的影响。

令个体业绩达成时滞、组织业绩达成时滞稳定,均设置为 4 周。设初始时间为 0,终止时间为 156 周,时间步长为 0.5 周,薪酬调整时滞周期为 1、4、13、52 周,系统仿真得到组织满意度变化趋势,见图 6-26。

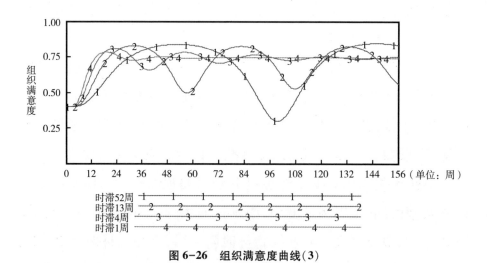

图 6-26　组织满意度曲线(3)

以图 6-26 中第 4 线(薪酬调整时滞为 1 周)为基准,比较 1、2、3 线变化趋势,可知:

　　仿真实验前期,薪酬调整时滞越大,组织满意度越低。以年为调整周期确实可以带来组织更高的满意度,但需要的时间为53周,即1年,且在54—106周(第2年)组织满意度呈现下降趋势,需要在第3年才得以提升。以季度为薪酬调整周期可以使组织达到较高满意度,但仍旧需要一定周期(31.5周)的等待,也经历一段较长的满意度低迷期间。相比较而言,周调整与月调整可以使组织满意度较快上升到最大值,且波动较小。

　　就A公司而言,对营销人员使用周、月调整对组织满意度和个体满意度较好(特别是月调整)。当然,季度或年度调整对提升满意度最大值有很好的作用,但只能作为辅助方法而非主要措施。

　　综合前面分析可得,薪酬调整时滞对组织满意度和个体满意度的影响很大;仿真实验前期,薪酬调整时滞越大,组织满意度、个体满意度越低;薪酬调整时滞越小,组织满意度、个体满意度越高。该时滞也是薪酬设计者必须关注的要素。

　　由图6-26可知,仿真实验前期,组织满意度小,激励扭曲大,且薪酬调整时滞越大,激励扭曲越大。也就是说,业绩指标时限小,激励扭曲大。仿真实验后期,薪酬调整时滞小或中时(1、4周),组织满意度大,激励扭曲小,即业绩指标时限大,激励扭曲小;薪酬调整时滞大时(13周及以上),激励扭曲呈现波型。也就是说,当薪酬调整时滞小或中时,业绩指标时限小,激励扭曲大,业绩指标时限大,激励扭曲小,该分析结论与贝克的观点一致。当薪酬调整时滞大时,业绩指标时限小,激励扭曲大,业绩指标时限大,激励扭曲大小呈现波动变化。

4. 三种时滞与个体满意度、组织满意度的关系

两两对比三种时滞在仿真实验前期,相同时间滞延下的个体满意度、组织满意度,比较结论见表 6-16。表中 A 表示个体业绩达成时滞;B 表示薪酬调整时滞;C 表示组织业绩达成时滞。通过仿真数据对比可知,三种时滞对组织满意度、个体满意度的影响作用不同。

表 6-16　三种时滞与个体满意度、组织满意度关系

满意度 时滞	组织满意度	个体满意度
时滞小 (1 周)	A＝B A＞C B＞C	A＝B C 影响微小
时滞中 (4 周)	A＝B A＜C B＜C	A＝B C 影响微小
时滞大 (13、26 周)	A＜B A＜C B＜C	A＞B C 影响微小

(1)三种时滞对组织激励效用影响

时滞小(1 周)或时滞中(4 周)时,个体业绩达成时滞与薪酬调整时滞对组织激励效用的影响基本一致;时滞大(13、26 周)时,个体业绩达成时滞对组织激励效用的负作用小于薪酬调整时滞。

时滞小(1 周)时,个体业绩达成时滞、薪酬调整时滞对组织激励效用的负作用大于组织业绩达成时滞;时滞中或长时,组织业绩达成时滞对组织激励效用的负作用大于个体业绩达成时滞、薪酬调整时滞。

总之,三种时滞都对组织激励效用有负作用。相比较而言,三种时滞中组织业绩达成时滞对组织激励效用的负作用最大,即组织业绩达成时滞对组织满意度影响最大。个体业绩达成时滞对组织激励效用的负作用小于薪酬调整时滞。

(2)三种时滞对个体激励效用影响

时滞小、时滞中、时滞大时,组织业绩达成时滞对个体满意度影响微小,可忽略不计。时滞小、时滞中、时滞大时,个体业绩达成时滞、薪酬调整时滞对个体激励效用的负作用大于组织业绩达成时滞。

时滞小、时滞中时,个体业绩达成时滞、薪酬调整时滞对个体激励效用的影响基本一致;时滞大时,个体业绩达成时滞对个体激励效用的负作用大于薪酬调整时滞。

总之,三种时滞都对个体激励效用有负作用。相比较而言,三种时滞中,个体业绩达成时滞对个体激励效用的负作用最大,即个体业绩达成时滞对个体满意度影响最大。薪酬调整时滞对个体激励效用的负作用略小于个体业绩达成时滞,组织业绩达成时滞对个体激励效用影响微小。

综上所述,三种时滞都对组织激励效用有负作用。相比较而言,三种时滞中组织业绩达成时滞对组织满意度影响最大,个体业绩达成时滞对组织激励效用的负作用小于薪酬调整时滞。三种时滞都对个体激励效用有负作用。相比较而言,三种时滞中个体业绩达成时滞对个体满意度影响最大。薪酬调整时滞对个体激励效用的负作用略小于个体业绩达成时滞,组织业绩达成时滞对个体激励效用影响微小。

四、研究结论思考

1. 实验分析结论与当前理论进行比较

实验结论一:在仿真实验前期,个体业绩达成时滞、薪酬调整时滞和组织业绩达成时滞越大,组织满意度、个体满意度越低。也就是说,这三种时滞使激励延迟,导致了个体、组织激励效用减小,即延迟的激励造成了激励的失效。该分析结论与研究者对激励及时性问题已达成的共识"延迟的激励会使激励部分失效"一致,验证了模型的有效性。

实验结论二:从组织业绩达成时滞来看,业绩指标时限小,激励扭曲大,业绩指标时限大,激励扭曲小。从个体业绩达成时滞、薪酬调整时滞来看,时滞小或时滞中时,业绩指标时限小,激励扭曲大,业绩指标时限大,激励扭曲小。该分析结论与贝克的观点"业绩衡量指标时限大,激励扭曲小;时限小,激励扭曲大"一致,验证了模型的有效性。

2. 薪酬激励建议

根据实验分析结论,本书提出以下薪酬设计建议:

(1)应根据企业个体入职的时间长短来制定薪酬政策。仿真实验前期,时滞对个体满意度的负影响很大,对新入职个体可考虑给予经济补偿,以提升个体满意度。仿真实验后期,个体业绩达成时滞对个体满意度的影响趋于一致,因此增加个体在企业中的留存时间也是解决时滞问题的方法。

对 A 公司而言,特别需要注意 2 个月内的新个体,关注新个体离职问题。给予新个体一定的经济补偿,以提升个体满意度;或采取一些措施,延长新个体在公司中的停留时间,缓解由于个体业绩达成时滞带来的激励效用损失问题。

(2)注重个体投入与个体产出之间的时间滞后,帮助个体减少该过程的时间长度。个体业绩达成时滞比薪酬调整时滞对个体满意度的影响更大。因此,提升薪酬对个体的激励效用,应注重个体投入与个体产出之间的时间滞后,考虑给予个体更多的培训或支持,帮助个体减少该过程的时间长度。

(3)适当的薪酬调整时滞会带来更高的个体满意度。因此,薪酬调整时滞大小的选择应综合权衡。从薪酬政策的角度来说,好的薪酬政策既需要给个体带来较高的满意度又需要尽量减少个体在前期的激励效用损失。

对A公司营销人员使用周、月调整对组织满意度和个体满意度较好(特别是月调整)。当然,季度或年度调整对于提升满意度最大值有很好的作用,但只能作为辅助方法而非主要措施。

(4)建立良好的信息反馈机制,减少三种时滞对组织、个体激励效用的不良影响。不同组织、不同部门三种时滞的大小不同,带来的激励扭曲程度也不一样。因为,个体对信息隐匿的时间越长,组织满意度受损越重,激励扭曲越严重,所以,薪酬设计除了考虑绩效考核制度还应该建立其他的信息反馈机制,以减少三种时滞对组织激励效用、个体激励效用的影响,减少激励扭曲产生的诸多问题。

第四节　主要结论

一、组织系统结果分析

对组织系统的分析是掌握系统结构特征、挖掘组织部门特性、抓住分析重点、增加管理效率的必要步骤。对组织系统的分析,主要从组织部门产出结构、经济技术联系和部门结构特征三个角度进行。

从总产出、增加值的构成来看,食品部、营销部、楼面部这三个部门是 A 公司经营中的重要部门。同时,本书也注意到安保部对公司经济贡献居于第四位,与楼面部、食品部、营销部的发展息息相关。

在部门经济技术联系分析中,采用直接消耗系数和完全消耗系数。分析得到不同部门对其他部门的直接依赖和完全依赖。同时,根据完全消耗系数计算出来的部门对 A 公司经济的完全贡献率进一步揭示了 6 部门对公司经济贡献的排序。

部门结构特征分析是利用"前向关联"和"后向关联"系数,对 6 个部门进行划分。划分结果为营销部为中间投入型制造部门;楼面部、食品部为中间投入型基础部门;安保部、工程部为最终需求型制造部门;行财部为最终需求型基础部门。其中营销部为公司的主导部门。

二、薪酬激励强度分析

对部门激励强度分析从以下两个步骤展开。首先,利用激励强度与效用关系模型对公司部门激励强度与组织激励效用、个体激励效用的关系展开实证研究;其次,利用激励强度确定模型计算部门最佳薪酬激励强度。该节研究部门包括营销部和食品部。

两个部门实证结论如下:

(1)在有效激励强度范围内,当固定薪酬不变时,随激励强度增加,个体薪酬增加,个体激励效用随激励强度的增大而增大;

(2)在有效激励强度范围内,当固定薪酬不变时,随激励强度增加,组织总产出增加;

(3)在有效激励强度范围内,当固定薪酬不变时,随着激励强度增加,组织的全员劳动生产率增加,组织的全员劳动生产率效用值增加;

(4)在有效激励强度范围内,当固定薪酬不变时,随激励强度增加,劳动效益减小,劳动效益效用值减少。

对Ａ公司营销部、食品部的实证分析结论与数理分析前(1)、(2)、(3)点完全一致,验证了数理分析前3点结论。

第(4)点数理分析结论是"在有效激励强度范围内,当固定薪酬不变时,组织劳动效益与激励强度无确切关系,两者关系受部门经济技术关系、部门薪酬、资产折旧等因素影响"。

由于实证分析中我们拥有了Ａ公司具体数据,计算出了激励强度与劳动效益的数量关系。需要注意的是,在Ａ公司中激励强度与劳动效益的反比变化关系仅代表了一个特例,不具有普遍意义。因此,实证结论中激励强度与劳动效益的反比关系和数理分析结论(4)并不相悖。

同时,实证分析结论与拉泽尔的相关研究结论吻合,证实了模型的有效性。

三、激励强度确定

利用激励强度确定模型,本书对营销 1 部和食品部两个部门的最佳激励强度进行了测定,并根据计算的激励强度给出了不同业绩下变动的薪酬发放办法。

营销 1 部:激励强度在 0.142 时效用达到最大值,Umax = 0.4947;在 0.467 时效用达到最小值,Umin = 0.4692。

食品部:激励强度在 0.303 时效用达到最大值,Umax = 0.4306;在 0.482 时效用达到最小值,Umin = 0.4097。

四、系统仿真实验结论

实验结论一:在仿真实验前期,个体业绩达成时滞、薪酬调整时滞和组织业绩达成时滞越大,个体满意度越低。时滞造成激励的延迟,延迟的激励使个体激励效用减小,即延迟的激励造成了激励的失效。该分析结论与当前研究者对激励及时性问题已形成的共识"延迟的激励会使激励部分失效"一致,验证了模型的有效性。

实验结论二:仿真实验后期,不同时滞对个体满意度的影响趋于一致。随着时间增加,个体的满意度值在达到最大值后逐渐下降,且趋于同一值。也就是说,在某时间后不同时滞对个体满意度的负作用可忽略。

实验结论三:组织业绩达成时滞:业绩指标时限小,激励扭曲大,业绩指标时限大,激励扭曲小。个体业绩达成时滞、薪酬调整时滞:时滞小或时滞中时,业绩指标时限小,激励扭曲大,业绩指标时限大,激励扭曲小。实验分析结论与贝克的观点一致,验证了模型的有效性。

实验结论四：三种时滞都对组织激励效用有负作用。相比较而言，三种时滞中组织业绩达成时滞对组织激励效用负作用最大。个体业绩达成时滞对组织激励效用的负作用小于薪酬调整时滞。三种时滞都对个体激励效用有负作用。相比较而言，三种时滞中，个体业绩达成时滞对个体激励效用的负作用最大。薪酬调整时滞对个体激励效用的负作用略小于个体业绩达成时滞，组织业绩达成时滞对个体激励效用影响微小。

最后，根据实验分析结论，本书还提出了一些薪酬设计建议。

第七章　结束语

　　激励是管理学、经济学研究的热门课题。当前,管理学、经济学领域对激励理论的研究已经取得了不小的成果,理论应用也非常广泛,但仍存在某些不足。从系统的角度来看,管理学激励研究是以个体为始点,在个体激励过程的"单点回环"中思考解决激励问题的措施和方法。经济学激励研究关注交易的性质,寻求组织和个体的博弈均衡,在激励者与被激励者的"双点回路"中挖掘解决问题的机制。管理学激励理论存在单角度研究的弊病,且激励综合模型主体缺失。经济学激励研究重视资源的配置,欠缺对个体激发过程的讨论,忽视激励过程中个体的心理感受和需求。从系统来看,两个领域的激励研究都存在一定的局限性。

　　如何有效地将两个领域的理论结合起来? 在完善的激励系统中对激励有效性展开双角度的讨论,这些都是激励理论发展中尚待解决的问题。本书紧紧围绕这两个问题展开,遵循的研究主线为:发现问题→分析问题→问题解决方案设计→实证和实验研究。通过问题分析,本书对问题解决方案进行了设计,建立了系统激励模型群(系统激励 ISM 模型、系统激励 QUA 模型、系统激励 SD 模型),并在 A 公司中进行了实证和实验研究。下面从主要结论、主要创新以及未来研究三个方面对研究进行总结。

第一节　主要结论

一、激励理论的系统结合

管理学激励理论、经济学激励理论的结合是激励研究尚待解决的问题。本书提出了拓展激励系统的概念,发展了管理学的激励理论。从系统角度来看,管理学单角度激励研究、经济学忽视个体激发过程的激励研究都存在一定的局限性,即管理学激励研究的个体激励系统和经济学激励研究的组织激励系统都不完善。本书定义个体激励系统、组织激励系统的集成系统为"拓展激励系统"。该激励系统将经济学激励研究思路引入管理学个体激励系统中,弥补了管理学个体激励系统单角度研究的不足,提出了激励有效性双角度检验的思路,是对管理学激励理论的发展。

从系统角度出发,利用静态结构化技术——解释结构模型法构建了系统激励 ISM 模型。系统激励 ISM 模型是拓展激励系统的结构模型,包括了管理学和经济学激励研究要素。从系统角度实现了管理学激励理论、经济学激励理论的结合,弥补了管理学激励综合模型主体缺失的不足,提升了激励理论的权变解释能力。

二、激励有效性的双角度讨论

对激励有效性的双角度讨论是激励尚待研究的问题。本书在薪酬激励范畴中展开对激励有效性的双角度讨论,讨论的问题涉及激励强度和系统时滞。以系统激励 ISM 模型为基础,建立系统激励 QUA 模型(系统激励量化模型)、系统激励 SD 模型(系统激励动力学模型),分别用于薪酬的激励强度、系统时滞与组织激励效用、个体激励效用的关系分析。本书通过对系统激励 QUA 模型的数理分析、实证研究,对系统激励 SD 模型的实验研究得到了激励强度/系统时滞与组织激励效用、个体激励效用关系的一些结论。

1. 激励强度与个体效用、组织效用的关系

对激励强度与效用关系模型的数理分析得到以下结论:在有效激励强度区间内,当固定薪酬不变时,随激励强度增加,组织总产出增加,个体激励效用增加,组织全员劳动生产率效用值增加。组织劳动效益与激励强度无确切关系,受部门经济技术关系、部门薪酬、资产折旧等因素的影响。

将激励强度与效用关系模型用于 A 公司的实证分析验证了模型数理分析的结论。该结论与拉泽尔的相关研究结论吻合,证实了模型的有效性。此外,利用模型进行计算,还得到了激励强度变化与组织劳动效益的数量关系,并给出了薪酬设计方案。

2. 系统时滞与个体效用、组织效用的关系

根据系统激励 ISM 模型对激励系统存在的时滞进行了分类,即个体业绩达成时滞、薪酬调整时滞、组织业绩达成时滞。本书讨论了三种时滞与个体激励效用、组织激励效用的关系。

利用系统激励 SD 模型对 A 公司进行仿真实验,分析了薪酬激励系统中个体业绩达成时滞、薪酬调整时滞和组织业绩达成时滞与组织激励效用、个体激励效用的关系,得到了以下结论:业绩衡量指标的时限小,激励扭曲大;时限大,激励扭曲小。该分析结论证实了贝克的观点,验证了模型的有效性。

此外,仿真分析还得到以下结论:三种时滞中个体业绩达成时滞对个体满意度影响最大;组织业绩达成时滞对组织满意度影响最大,对个体满意度影响非常小;在仿真实验前期,个体业绩达成时滞、薪酬调整时滞和组织业绩达成时滞越大,组织满意度、个体满意度越低。该分析结论与当前共识"延迟的激励会使激励部分失效"一致,验证了模型的有效性。不同的是,实验结果显示这两种时滞对在组织中留存时间长的个体的满意度影响趋于一致。因此,对新个体给予薪酬补偿或增加个体在企业中留存时间是解决这两种系统时滞的方法。

第二节 主要创新

本书的主要创新为:

第一,提出了"拓展激励系统"的概念,对激励有效性展开双角度研究,发展了管理学激励理论。

从系统角度来看,管理学在个体激励系统中基于个体的单角度研究,经济学在组织激励系统中基于组织忽视个体激励过程的研究,都不完善。本书将个体激励系统进行拓展,使之包含组织激励系统,把得到的新系统定义为"拓展激励系统"。在拓展激励系统中,把管理学基于个体的单角度激励有效性研究扩展到了组织和个体的双角度研究,这是管理激励理论的发展,也提升了经济学激励理论对激励问题的权变解释能力。

第二,为"拓展激励系统"建立了系统激励模型群(包含系统激励 ISM 模型、系统激励 QUA 模型和系统激励 SD 模型),为发展的管理学激励理论给出了相适应的管理激励新研究方法。

(1)建立了系统激励 ISM 模型。系统激励 ISM 模型是拓展激励系统的结构模型,它描述拓展激励系统的要素及要素之间的关系。系统激励 ISM 模型是本书的系统激励模型(群)的基础模型。系统激励 ISM 模型从系统角度实现了管理学激励理论、经济学激励理论的结合,提升了管理激励理论的解释力,弥补了管理学激励综合模型主体缺失的不足。模型具有良好的层次关系,非常直观地阐述了拓展激励系统内不同要素之间的直接或间接关系。

(2)基于系统激励 ISM 模型建立了系统激励 QUA 模型。该模型包括"激励强度与效用关系模型"和"激励强度确定模型"。"激励强度与效用关系模型"用于研究薪酬激励强度与组织激励效用、个体激励效用的关系,还能计算出激励强度变化与组织劳动效益的数量关系。"激励强度确定模型"用于部门激励强度的最终确定。

(3)基于系统激励 ISM 模型建立了系统激励 SD 模型。该模型用于研究薪酬激励系统的三种时滞对个体激励效用和组织激励效用的影响。

第三节　未来研究

从系统的角度对激励问题的讨论仍处于发展的阶段,在以下方面还需要做进一步的探讨。

第一,本书对激励有效性的双角度讨论限于薪酬激励范畴,在未来的研究中可以在系统思想的指导下,拓展对激励其他问题的双角度讨论;

第二,本书将薪酬研究范围定义在经济类报酬,对经济类与非经济类报酬部分的综合研究,将作为未来研究的发展方向;

第三,本书未涉及个体效用影响要素团,未来的研究中可考虑如何量化三种要素对个体效用的影响;本书简化了个体绩效影响要素团,暂不考虑环境、组织绩效考评制度对个体绩效的影响作用,未来研究中可将这些因素考虑到量化分析中;

第四,本书未对内在奖酬对个体的效用进行量化研究,未来研究中可综合考虑其与组织薪酬对个体效用的影响;

第五,本书对系统激励 QUA 模型的讨论基于单部门,未来研究可拓展到多部门。同时,本书对部门经济技术关系、部门薪酬、资产折旧等因素如何影响组织劳动效益未展开深入研究,在未来的分析中将进一步讨论。

参 考 文 献

[1]曾士强:《中国的经权管理》,国家出版社 1983 年版。

[2]陈偲、王荔:《人力资本定价及其收益分析》,《北京市计划劳动管理干部学院学报》2004 年第 12 期。

[3]陈国富:《委托—代理与机制设计》,南开大学出版社 2003年版。

[4]陈龙、杨灿:《一种数据挖掘方法在投入产出分析中的应用》,《统计教育》2005 年第 6 期。

[5]陈敏、时勘:《工作满意度评价及其在企业诊断中的应用》,《中外管理导报》2001 年第 10 期。

[6]陈明立:《人力资源通论》,西南财经大学出版社 2004年版。

[7]陈清泰、吴敬琏:《股票期权激励制度法规政策研究报告》,中国财经出版社 2001 年版。

[8]陈瑞华:《信息经济学》,南开大学出版社 2003 年版。

[9]陈维政、余凯成、黄培伦主编:《组织行为学高级教程》,高等教育出版社 2004 年版。

[10]陈锡康:《当代中国投入产出理论与实践》,中国国际广

播出版社 1988 年版。

　　[11]陈玉荣:《试论企业家人力资本的特性》,《科技进步与对策》2003 年第 2 期。

　　[12]陈郁编:《所有权、控制权与激励——代理经济学文选》,上海万联书店 1998 年版。

　　[13]陈章武:《管理经济学》,清华大学出版社 2002 年版。

　　[14]谌新民、武志鸿:《绩效考评方法》,广东经济出版社 2002 年版。

　　[15]程恩富、伍山林:《企业学说与企业变革》,上海财经大学出版社 2001 年版。

　　[16]崔建华:《企业家人力资本收益权:特殊性及其本质原因》,《经济评论》2003 年第 4 期。

　　[17]戴淑芬:《管理学教程》,北京大学出版社 2002 年版。

　　[18][美]道格拉斯·C.诺斯:《经济史中的结构与变迁》,陈郁、罗华平等译,上海三联书店、上海人民出版社 2002 年版。

　　[19]丁栋虹:《企业家成长制度论》,上海财经大学出版社 2000 年版。

　　[20]冬青:《揭开行为的奥秘——行为科学概论》,中国经济出版社 1988 年版。

　　[21]樊培银、徐凤霞:《关于人力资源价值计量方法的探索》,《中国工业经济》2002 年第 3 期。

　　[22]范庆桦:《加薪让谁满意》,《人力资源开发与管理》2003 年第 6 期。

　　[23]方茜:《激励系统的解释结构模型研究》,《四川理工学院学报》2006 年第 5 期。

[24]方茜：《论保险营销的系统激励机制》，《理论与改革》2005年第2期。

[25]方竹兰：《人力资本与中国创新之路》，经济科学出版社2001年版。

[26]冯根福、王会芳：《上市公司绩效理论及实证研究评述》，《西北大学学报(哲学社会科学版)》2002年第1期。

[27]冯虹：《现代企业统计分析》，经济管理出版社1997年版。

[28]冯子标：《人力资本运营》，经济出版社2000年版。

[29]甘华鸣：《人事管理速成》，企业管理出版社1997年版。

[30]龚建立、张军、王飞绒：《科技人员激励强度确定与激励替代互补》，《软科学》2003年第4期。

[31]管军、段兴民：《企业家人力资本业绩评价与期权定价》，《河北经贸大学学报》2003年第3期。

[32]管益忻：《企业文化概论》，人民出版社1990年版。

[33]郭京生：《系数法在企业工资标准测算中的应用》，《经济管理》2003年第5期。

[34][美]哈尔·瓦里安：《微观经济学》，经济科学出版社1997年版。

[35]韩树英：《马克思主义哲学纲要》，人民出版社1983年版。

[36]何承金：《人力资本管理》，四川大学出版社2000年版。

[37]何基报、茆诗松：《几种基于CAPM的最有投资组合构造方案及其比较》，《应用概率统计》2000年第4期。

[38]何其祥：《投入产出分析》，科学出版社1999年版。

[39]胡罡、楚建波:《价值分配理论与人力资本定价》,《经济论坛》2003 年第 6 期。

[40]黄觉波、桂琦寒:《激励性报酬安排与企业剩余的分享》,《人力资本研究》2003 年第 4 期。

[41]黄群惠:《控制权作为企业家的激励约束因素:理论分析及解释意义》,《经济研究》2000 年第 1 期。

[42]黄群慧:《企业家激励约束与国有企业改革》,人民出版社 2000 年版。

[43]黄再胜:《西方企业激励理论的最新发展》,《外国经济与管理》2004 年第 1 期。

[44]黄晓春:《当代中国社会组织的制度环境与发展》,《中国社会科学》2015 年第 9 期。

[45][美]C.S.霍尔:《弗洛伊德心理学入门》,陈维正译,商务印书馆 1985 年版。

[46]贾湛:《企业劳动人事管理》,北京经济学院出版社 1987 年版。

[47][美]加里·贝克尔:《人力资本》,梁小民译,北京大学出版社 1987 年版。

[48]蒋序林、唐元虎:《人力资本定价机制的理论基础是企业剩余价值分享机制》,《价格辑刊》2003 年第 2 期。

[49]蒋中一:《数理经济学基本方法》,商务印书馆 2004 年版。

[50]焦斌龙:《中国企业家人力资本形成、定价与配置》,经济科学出版社 2000 年版。

[51]兰玉杰、陈晓剑:《人力资本与企业所有权安排的合约选

择》,《数量经济技术经济研究》2003 年第 11 期。

[52]李宝、元董青、仇勇:《中国管理学研究:大历史跨越中的逻辑困局——相关文献的一个整合性评论》,《管理世界》2017 年第 7 期。

[53]李宝元:《人力资本运营》,企业管理出版社 2001 年版。

[54]李秉全:《投入产出技术与企业管理现代化》,科技出版社 1988 年版。

[55]李春琦、石磊:《国外企业激励理论述评》,《经济学动态》2001 年第 6 期。

[56]李德忠:《核心员工激励:战略性薪酬思路》,《人类工效学》2004 年第 6 期。

[57]李果、黄继刚、王钦:《员工持股制度理论与实践》,经济管理出版社 2002 年版。

[58]李建民:《人类资本通论》,上海三联书店 1999 年版。

[59]李劲松、刘瑜:《企业经营者报酬契约设计与激励强度分析》,《现代财经》2005 年第 5 期。

[60]李蓉:《湖南创鑫控股集团中高层管理人员股权激励研究》,湖南大学 2015 年硕士学位论文。

[61]李茹兰:《企业家人力资本定价及其制约因素分析》,《东岳论丛》2004 年第 9 期。

[62]李世聪:《人力资源当期价值理论与方法》,《企业管理》2002 年第 3 期。

[63]李宪钧、刘满红:《组织激励冲突问题研究》,《云南民族学院学报(自然科学版)》2000 年第 2 期。

[64]李严锋、麦凯:《薪酬管理》,东北财经大学出版社 2002

年版。

[65]李增泉:《激励机制与企业绩效——一项基于上市公司的实证研究》,《会计研究》2000 年第 1 期。

[66]李忠民:《人力资本》,经济科学出版社 1999 年版。

[67]梁梁、张绳良:《关于建立新型激励机制与综合应用激励手段的研究》,《运筹与管理》1994 年第 6 期。

[68]梁能:《公司治理结构:中国的实践与美国的经验》,中国人民大学出版社 2001 年版。

[69]廖泉文:《人力资源管理》,同济大学出版社 1991 年版。

[70]林聪:《有关激励理论与实践的新盘点》,《中国经济评论》2004 年第 3 期。

[71]林鸿熙:《企业销售人员激励强度及激励替代效应研究》,《重庆大学学报(社会科学版)》2004 年第 10 期。

[72]林毅夫、蔡日方、李周:《发展战略与经济改革》,上海人民出版社、上海三联书店 1994 年版。

[73]林长泉:《关于管理绩效:契约理论和委托代理理论的一种模型》,《经济科学》1998 年第 1 期。

[74]刘国亮、王加胜:《上市公司股权结构、激励制度及绩效的实证研究》,《经济理论与经济管理》2000 年第 5 期。

[75]刘建新:《人力资源动态投入占用产出分析模型探讨》,《数量经济技术经济研究》1996 年第 3 期。

[76]刘军胜:《薪酬管理实务手册》,机械工业出版社 2005 年版。

[77]刘起运:《中国投入产出分析应用论文精粹》,中国统计出版社 2004 年版。

[78] 刘颂：《关于现代激励理论发展困境的几点分析》，《南京社会科学》1998 年第 4 期。

[79] 刘小瑜：《中国产业结构的投入产出分析》，经济管理出版社 2003 年版。

[80] 刘永佶：《现代劳动价值论》，中国经济出版社 2005 年版。

[81] 刘渝林：《试析资本资产定价模型在人力资本定价中的应用》，《财经问题研究》2002 年第 4 期。

[82] 刘仲民：《人力资源会计》，首都经济贸易大学出版社 1999 年版。

[83] 罗靖：《上市公司职业经理人报酬激励及其实证研究》，湖南大学 2004 年硕士学位论文。

[84] 罗跃龙、况漠：《基于企业类型差异的企业家报酬——业绩的相关性》，《当代经济科学》2003 年第 4 期。

[85]《马克思恩格斯选集》第三卷，人民出版社 1972 年版。

[86] 马喜芳、芮正云：《激励前沿评述与激励协同研究展望——多学科/学派、多层次、多维度视角》，《科学学与科学技术管理》2020 年第 6 期。

[87] 毛栋英、万希：《论企业家人力资本的特征及其在中国的实现途径》，《技术经济》2003 年第 1 期。

[88][西] 因内思·马可—斯达德勒、J.大卫·佩雷斯—卡斯特里罗：《信息经济学引论：激励与合约》，管毅平译，上海财经大学出版社 2004 年版。

[89][美] 彼得·圣吉：《第五项修炼——学习型组织的艺术与实务》，郭进隆译，上海三联书店 2002 年版。

［90］平新乔、范瑛、郝朝艳：《中国国有企业代理成本的实证分析》，《经济研究》2003 年第 11 期。

［91］［美］乔治·T.米尔科维奇、杰里·M.纽曼：《薪酬管理（第六版）》，董克用等译，中国人民大学出版社 2002 年版。

［92］［法］让-雅克·拉丰/大卫·马赫蒂摩：《激励理论（第一卷）：委托—代理模型》，陈志俊、李艳、单萍萍译，中国人民大学出版社 2002 年版。

［93］盛乐：《关系性契约、契约成本和人力资本产权的界定》，《经济科学》2003 年第 4 期。

［94］石含英、陈维政：《世界管理经典著作精选》，企业管理出版社 1995 年版。

［95］［美］斯蒂芬·P.罗宾斯：《组织行为学》，孙健敏、李原译，中国人民大学出版社 2005 年版。

［96］［美］斯蒂芬·P.罗宾斯、玛丽·库尔特：《管理学》，清华大学出版社 2018 年版。

［97］孙经纬：《西方学者论企业激励机制》，《外国经济与管理》1997 年第 2 期。

［98］孙俊岭：《西方激励理论探析》，《学术与交流》2000 年第 3 期。

［99］孙立莉：《激励理论述评》，《山东经济》2000 年第 2 期。

［100］孙永胜：《经营者股票期权激励制度》，经济科学出版社 2002 年版。

［101］孙永祥：《公司治理结构：理论与实证研究》，上海三联书店、上海人民出版社 2002 年版。

［102］唐未兵：《西方经理股票期权理论评论》，《经济学动

态》2001 年第 1 期。

[103]汪应洛：《系统工程理论、方法与应用》，高等教育出版社 2001 年版。

[104]王爱民、宋辉：《用结构分解技术（SDA）提高投入产出模型的分析功能》，《河北大学学报》2005 年第 7 期。

[105]王利平：《管理学原理》，中国人民大学出版社 2000 年版。

[106]王连成：《工程系统论》，中国宇航出版社 2002 年版。

[107]王询：《组织内人工设计激励机制的不完备性、激励偏差与激励强度》，《财经问题研究》2006 年第 5 期。

[108]王一江、孔繁敏：《人力资源管理》，上海人民出版社 1999 年版。

[109]王玉潜、袁建文：《投入产出分析的理论与方法》，广东高等教育出版社 2002 年版。

[110]王月红：《激励强度确定与激励替代互补》，《军事经济研究》2006 年第 11 期。

[111]王则柯：《激励机制》，中山大学出版社 2000 年版。

[112]魏刚：《高级管理层激励与上市公司经营绩效》，《经济研究》2000 年第 3 期。

[113]魏杰：《企业前沿问题：现代企业管理方案》，中国发展出版社 2001 年版。

[114]魏明：《企业家人力资本模型初论》，《武汉大学学报（社会科学版）》2003 年第 3 期。

[115]魏志华、李茂良、李常青：《半强制分工政策与中国上市公司分红行为》，《经济研究》2014 年第 6 期。

[116]文守逊、杨武:《信息不对称下的激励机制设计的研究》,《重庆大学学报(社会科学版)》1999 年增刊。

[117]吴平:《企业家人力资本的产权及其激励》,《经济师》2003 年第 2 期。

[118]吴淑琨:《股权结构与公司绩效的 U 型关系研究——1997~2000 年上市公司的实证研究》,《中国工业经济》2002 年第 1 期。

[119]吴云:《西方激励理论的历史演进及其启示》,《学习与探索》1996 年第 6 期。

[120]吴祖源:《动态投入产出模型设计及表的编制》,《焦作工学院学报》1997 年第 6 期。

[121]武忠远:《西方激励理论的演变及其启示》,《延安教育学院学报》1999 年第 3 期。

[122][美]西奥多·W.舒尔茨:《论人力资本投资》,吴珠华等译,北京经济学院出版社 1990 年版。

[123][美]西奥多·W.舒尔茨:《人力资本投资——教育和研究的作用》,蒋斌、张蕾译,商务印书馆 1990 年版。

[124]习近平:《高举中国特色社会主义伟大旗帜　为全面建设社会主义现代化国家而团结奋斗——在中国共产党第二十次全国代表大会上的报告》,人民出版社 2022 年版。

[125]谢春华:《销售人员激励机制设计的系统思考》,《当代财经》2005 年第 5 期。

[126]谢刚、万迪昉:《管理实验——管理研究的重要方法》,《管理科学》2003 年第 2 期。

[127]辛向阳:《期股制的模式选择及若干问题的解决思路》,

《东岳论丛》2002 年第 2 期。

[128]徐淑英:《雇佣关系:心理契约———一种吸引、激励和保留人才的竞争工具》,《环球市场》2001 年第 9 期。

[129]许宪春、刘起运:《中国投入产出分析应用论文精粹》,中国统计出版社 2004 年版。

[130][美]雅各布·明塞尔:《人力资本研究》,张凤林译,中国经济出版社 2001 年版。

[131]杨东龙:《最新人力资源精要词典》,中国经济出版社2002 年版。

[132]杨建勋:《美国公司 CEO 的激励收入体系》,《外国经济与管理》1999 年第 8 期。

[133]杨清河、唐军:《企业经营者薪酬激励机制研究》,中国劳动保障出版社 2004 年版。

[134]杨同卫、马曙光:《知识管理中人力资本定价的逻辑起点》,《科技进步与对策》2003 年第 3 期。

[135]姚凯、李凯风、陶学禹:《激励理论发展的新趋势》,《经济学动态》1998 年第 7 期。

[136]姚伟、黄桌、郭磊:《公司治理理论前沿综述》,《经济研究》2003 年第 5 期。

[137]殷少平:《关于独立董事制度的思考》,《中国证券报》2001 年第 4 期。

[138]于东智、谷立日:《上市公司管理层持股的激励效用及影响因素》,《经济理论与经济管理》2001 年第 9 期。

[139]余津津、朱东辰:《信息不对称条件下企业家组合报酬契约模型初探》,《财经论丛(浙江财经学院学报)》2003 年第

5 期。

[140]余凯成:《组织行为学》,大连理工大学出版社 2001 年版。

[141]俞克纯,沈迎选:《激励、活力、凝聚》,中国经济科学出版社 1988 年版。

[142]袁国良、王怀芳、刘明:《上市公司股权激励的实证分析及其相关问题——中国资本市场前沿理论研究文集》,社会科学文献出版社 2000 年版。

[143]袁嘉新、何伦志:《经济系统分析》,社会科学文献出版社 1997 年版。

[144]约翰·W.纽斯特罗姆,基斯·戴维斯:《组织行为学》,经济科学出版社 2000 年版。

[145]约瑟夫·熊彼特:《经济发展理论》,商务印书馆 1997 年版。

[146]张德:《组织行为学》,高等教育出版社 1999 年版。

[147]张广科:《人力资本概念在企业框架内的界定及应用研究》,《财经研究》2002 年第 4 期。

[148]张建国:《基于绩效的工资制度设计》,《人力资源开发与管理》2003 年第 2 期。

[149]张锦喜:《薪酬:既要保健更需激励》,《人力资源开发与管理》2004 年第 6 期。

[150]张彤、张世英、胡素华:《企业集团的投资安排》,《管理科学学报》2001 年第 6 期。

[151]张维迎:《博弈论与信息经济学》,北京大学出版社 1999 年版。

［152］张维迎：《产权、激励与公司治理》，经济科学出版社2005年版。

［153］张维迎：《所有制、治理结构及委托—代理关系》，《经济研究》1996年第9期。

［154］张文贤：《管理入股：人力资本定价》，立信会计出版社2001年版。

［155］张五常：《企业的契约性质：企业制度与市场组织——交易费用经济学文选》，上海三联书店1994年版。

［156］张湛彬：《股票期权与国有企业激励制度》，辽海出版社2002年版。

［157］张正堂：《企业家报酬研究综述》，《经济管理》2001年第11期。

［158］张正堂：《企业家激励报酬制度的设计》，《财经科学》2004年第2期。

［159］张志宏：《人力资本定价的收益实现机制研究》，《开发研究》2003年第5期。

［160］章凯：《激励理论新解》，《科学管理研究》2003年第2期。

［161］赵秀恒、王清印：《不确定性系统投入产出分析模型及预测》，《运筹与管理》2001年第3期。

［162］郑兴山、唐元虎：《国外企业家人力资本收益权实践考察》，《人力资源开发》2000年第1期。

［163］周惠中：《微观经济学》，上海人民出版社1999年版。

［164］周其仁：《市场里的企业：一个人力资本与非人力资本的特别合约》，《经济研究》1996年第6期。

［165］周印利:《经济转型时期青海省企业家人力资本的开发》,《经济师》2003 年第 11 期。

［166］朱克江:《经营者薪酬激励制度研究》,中国经济出版社 2002 年版。

［167］朱治龙、曾德明:《激励效用及其测度模型研究》,《湖南大学学报(自然科学版)》2003 年第 8 期。

［168］朱治龙:《上市公司绩效评价与经营者激励问题研究》,湖南大学 2004 年博士学位论文。

［169］邹薇:《高级微观经济学》,武汉大学出版社 2004 年版。

［170］J. S. Adams, "Inequity in Social Exchange", *Advances in Exprerimental Socail Psychology*, Vol.2, No.3, 1965.

［171］A. A. Alchian, H., Demsetz, "Production, Information Costs and Economic Organization", *American Economic Review*, Vol. 62, No.5, 1972.

［172］C. P. Alderfer, "An Empirical Test of a New Theory of Human Needs", *Organizational Behavior and Human Performance*, Vol.4, No.5, 1969.

［173］F. Allen, "*Corporate Governance and Competion*", Cambrige:Cambrige University Press, 2000.

［174］J. W. Atkinson, J. O. Raynor, *Motivation and Achievement.* Washington, D.C.: Winston, 1974.

［175］G. P. Baker, "Distortion and Risk in Optimal Incentive Contracts", *Journal of Human Resources*, Vol.37, No.4, 2002.

［176］G. P. Baker, "Incentive Contracts and Performance Measurement", *Journal of Political Economy*, Vol.100, No.6, 1992.

[177] G. P. Baker, "The Use of Performance Measure in Incentive Contracting", *American Economic Review*, Vol.90, No.5, 2000.

[178] G. P. Baker, C. Michael, K. Jensen, J. Murphy, "Compensation and Incentives: Practice vs. Theory", *The Journal of Finance*, Vol.43, No.6, 1988.

[179] B. Berelson, G. Steiner, "*Human Behavior*", New York: Harcourt, Brace and World, 1964.

[180] F. Black, M. scholes, "The Pricing of Option and Corporate", *Journal of Political Economy*, Vol.81, No.3, 1973.

[181] A. Blakemore, "The New Economics of Personnel", *Journal of Labor Economics Supplement*, Vol.5, No.4, 1987.

[182] J. P. Campbell, M. D. Dunnette, "*Performance and Effectiveness*", New York: McGraw-Hill, 1970.

[183] M. C. Casson, *The Entrepreneur: An Economic Theory*, Oxford: Martion Robertson, 1982.

[184] J. Charkham, "Corporate Government: Lessons form Abroad", *European Business Journal*, Vol.8, No.2, 1992.

[185] A. T. Coughlan, R. M. Schmidt, "Executive Compensation Management Turnover and Firm Performance: An Empirical Investigation", *Journal of Accounting and Economics*, Vol.7, No.1, 1985.

[186] H. Demsetz, "Towards a Theory of Property Rights", *American Economic Review*, Vol.57, No.2, 1967.

[187] H. Demsetz, K. Lehn, "Ownership Structure and Corporate Control", *Journal of Corporate Finance*, Vol.7, No.3, 2001.

［188］E. F. Denison, "*Why Growth Rates Difference*", Washington, D.C.：Brookings Institution, 1967.

［189］A. K. Dittmar, "Why Do Firms Repurchase Stock", *The Journal of Business*, Vol.73, No.2, 2000.

［190］E. Fama, "Agency Problem and the Theory of the Firm", *Journal of Political Economy*, Vol.88, No.5, 1980.

［191］E. F. Fama, M. C. Jensen, "Separation of Ownership and Control", *Journal of law and Economics*, Vol.26, No.2, 1983.

［192］C. Ferral, B. Shearer, "Incentives and Transaction Costs within the Firm：Estimating an Agency Model Using Payroll Records", *Review of Economic Studies*, Vol.66, No.2, 1999.

［193］S. W. Gellerman, "*Motivation and Productivity*", New York：American Management Association, 1963.

［194］J. L. Gibson, J. M. Ivancevich, J. H. Donnelly, "*Organizations：Behaviors, Structure*", Chicago：Irwin Publishers Processes, 1978.

［195］J. Green, "*Incentive Theory with Data Compression*", Cambridge：Cambridge University Press, 1986.

［196］J. Green, "Partially Verifiable Information and Mechanism Design", *Review of Economic Studies*, Vol.53, No.4, 1986.

［197］S. Grossman, O. Hart, "The Costs and Benefits of Ownership：A Theory of Vertical and Lateral Integration", *Journal of Political Economics*, Vol.94, No.4, 1986.

［198］W. R. Hall, "Enterpriser Behavior and Performance Incentives", *Accounting and Economics*, Vol.25, No.4, 1998.

[199] B.J. Hall, L.B. LiebmanHall, "Are CEOs Really Paid Like Bureaucrats?", *Quartertly Journal of Conomincs*, Vol.113, No.5, 1998.

[200] F. Herzberg, "*The Managerial Choice: To be Efficient or to be Human*", Salt Lake City: Olympus, 1982.

[201] F. Herzberg, "*Work and the Nature of Man*", Cleveland, ohio: World Publishing Company, 1966.

[202] F. Herzberg, B. Mausner, B.Snyderman, "*The Motivation to Work*", New York: John Wiley & Sons, Inc., 1959.

[203] B. Holmstrom, "Moral Hazard and Observability", *Bell Journal of Economics*, Vol.10, No.2, 1982.

[204] R. J. House, T. R. Mitchell, "Path-goal Theory of Leadership", *Contemporary Business*, Vol.3, Fall, 1974.

[205] M. C. Jensen, W. Meckling, "Theory of the Firm: Managerial Behaviour, Agency Costs and Capital Structure", *Journal of Financial Economics*, Vol.3, No.4, 1976.

[206] M. C. Jensen, K. J. Murphy, "Performance Pay and Topmanagement Incentives", *Journal of Political Economy*, Vol. 98, No.2, 1990.

[207] S. Kerr, "On the Folly of Rewarding for A while Hoping for B", *American Economic Review*, Vol.87, No.3, 1975.

[208] J. J. Laffont, "Optimism and Experts against Adverse Selection in a Competitive Economy", *Journal of Economic Theory*, Vol.10, No.43, 1975.

[209] J. J. Laffont, M. Mohamed, "Moral Hazard, Financial Constraints, and Sharecropping in El Oulja", *Review Econimic Studies*,

Vol.62,No.3,1995.

[210] E.P. Lazear, "AgencyEarnings Profiles, Productivity, And Hours Restrictions", *American Economic Review*, Vol.71, No.4, 1981.

[211] E. P. Lazear, "Salaries and Piece Rates", *Journal of Business*, Vol.59, No.6, 1986.

[212] E. P. Lazear, "Performance Pay and Productivity", *American Economic Review*, Vol.90, No.5, 2000.

[213] E. P. Lazear, "Pay Equality and Industrial Politics", *Journal of Political Economy*, Vol.97, No.3, 1989.

[214] K. Lewin, *Principles of Topological Psychology*, New York: McGraw-Hill, 1936.

[215] E. A. Locke, G. P. Latham, *A Theory of Goal Setting and Task Performance*, Englewood Cliffs: Prentice-Hall, 1990.

[216] R. E. Lucas, "On the Mechanic of Economic Development", *Journal of Monetary Economics*, Vol.22, No.1, 1988.

[217] A. H. Maslow, "*Motivation and Personlity*", New York: Harper and Row Publisher, Inc., 1954.

[218] D. C. McClelland, "*The Achieving Society*", Princeton: D.Van Nostrand, 1961.

[219] D. McGregor, "*The Human Side of Enterprise*", New York: McGraw-Hill, 1960.

[220] R.C. Merton, "On Estimating the Expected Return on the Market an Exploratory Investigation", *Journal of Financial Economics*, Vol.8, No.4, 1980.

[221] J.A. Mirrlees, "An Exploration in the Theory of Optimum

Income Taxation", *Reviwe of Economics Studies*, Vol.38, No.4, 1971.

[222] J. Moore, "Optimal Labour Contracts When Workers Have a Variety of Privately Observed Reservation Wages", *Review of Economic Studies*, Vol.52, No.1, 1985.

[223] E. W. Morrison, S. Robinson, "When Employees Feel Betrayed: A Model of How Psychological Contract Violation Develops", *Academy of Management Review*, Vol.22, No.1, 1997.

[224] R. Nelson, E. Phelps, "Investment in Humans, Technological Diffusion and Economic Growth", *The American Economic Review*, Vol.56, No.2, 1966.

[225] C. Prendergast, "The Provision of Incentives in Firm", *Journal of Economic Literature*, Vol.37, No.2, 1999.

[226] S. Robinson, M. Kraatz, D. Rousseau, "Changing Obligations and the Psychological Contract: A longitudinal study", *Academy of Management Journal*, Vol.37, No.3, 1994.

[227] Ronald Coase, "The Nature of the Firm", *Journal of Law & Economics*, Vol.4, No.11, 1937.

[228] N. Rosen, C. Wolfram, "Regulating Executive Pay: Using the Tax Code to Influence Chief Executive Officer Comensation", *Journal of Labor Economics*, Vol.20, No.6, 2002.

[229] S. A. Ross, "The Economic Theory of Agency: The Principal's Problem", *American Economic Review*, Vol.63, No.2, 1973.

[230] R.P. Rumelt, "Diversification Strategy and Profitability", *Strategic Management Journal*, Vol.3, No.4, 1982.

[231] M. A. Sbeppaek, S. L. Cohen, "Put a Dollar Value on your

Training", *Programs Training and Development Journal*, Vol. 39, No.11,1985.

[232] A. Schotter, *The Economic Theory of Social Institutions*, Cambridge, Massachusetts, Harvard University Press, 1981.

[233] B. F. Skinner, *Contingencies of Reinforcement*, New York: The Free Press, 1990.

[234] B. F. Skinner, *Science and Human Behavior*, New York: Macmillan Company, 1953.

[235] J. Smithson, S. Lewis, "Is Job Insecurity Changing the Psychological Contract", *Personnel Rerview*, Vol.29, No.6, 2000.

[236] H. Steven. S. Jay, "Earnings and Benefits of Workers in Alternative Work Arrangerments", *Monthly Labor Review*, Vol. 21, No.10,1996.

[237] F.L. Swierczek, L. Camiehael, "The Quantity and Quality of Evaluating Training", *Trainin & Development Journal*, Vol.39, No.1, 1985.

[238] A. S. Tsui, "Alternative Approaches to the Employee-Organization Relationship: Does Investment in Employees Pay off", *Academy of Management Journal*, Vol.40, No.5, 1997.

[239] W.H.Turnley, D.C. Feldman, S., "A Discrepancy Model of Psychological Contract Violations", *Human Resource Management Review*, Vol.9, No.3, 1999.

[240] V. H. Vroom, "*Work and Motivation*", New York: John Wiley & Sons, Inc., 1964.

[241] Wanous, John P., "A Causual Correlational Analysis of the

Job Satisfaction and Performance Relationship", *Journal of Applied Psychology*, Vol.59, No.2, 1974.

[242] O. E. Williamson, " A Comparison of Alternative Approaches to Economic Oranization", *Journal of Institutional and Theoretical Economics*, Vol.146, No.7, 1990.

[243] O. E. Williamson, *Markets and Hierarchies: Analysis and Antitrust Implications—A Study in the Economics of Internal Organization*, New York: Free Press, 1975.

[244] Xianming Zhou, "Executive Compensation and Managerial Incentives: A Comparison between Canada and the United States", *Journal of Corporate Finance*, Vol.5, No.3, 1999.

[245] J. Zengerb, K. Hargis, " Assessing Training Results: It's Time to Take the Plunge", *Training and Development Journal*, Vol.36, No.1, 1982.

后　记

　　快乐工作,保持内心平和,是大部分人的期许。然现实是,职场越来越多地充斥着令人不快的"控制",让本应成为快乐之源的工作和学习,成为与寻求全面自由发展的人类相抗拒的一面。

　　是什么导致了此种状况?有人说是因为对人性的假设。有两种基本假设,人要么是善的,要么是恶的。带着善的假设,管理者会给予员工更多的信任,相信他们会为了组织的利益砥砺奋发、笃行不怠。带着恶的假设,管理者会给予员工更多的监督,以控制的方式保证组织运行。两种假设都有其合理性,也在实践中被普遍运用。

　　从个体角度来看,信任和激励员工的做法,不仅会收获良好的组织效益,也易于增进员工的体验,提高对组织的忠诚度。进一步地说,作为以善为假设的管理取向,激励本意是通过有效的制度设计,让人们自发自愿地工作和学习,在实现个体目标的同时,更好地达成组织目标。简单地说,就是保持个体目标与组织目标的一致性,让个体与组织形成"命运共同体",是重视人、重视劳动过程和劳动结果的管理方式。在新时代、新格局、新阶段的背景下,无论从国家、社会、组织、个体哪个维度来看,高质量发展需要的是思想充分涌流、创意竞相迸发的人才,激励是必然之选。

人们对激励有肯定的认识,但在实际管理中,放手去做又是另一码事。由于激励与绩效之间总是存在时间差,有的还相当长。"等不得""不自信"的管理者通常会放弃激励,采用更容易执行的监督。不仅职场如此,家庭亦是如此。对孩子的信任不够充分,父母习惯于采取严控的方式。

以上是激励在实践中遇到的困境,也是多年来一直存在的现象。相比监督、控制,激励是一门艺术。好的领导往往都是激励大师,如信任和激励是毛泽东同志一贯使用的方式①。人们仍旧喜欢谈论激励,但采取的行为又与其背道而驰。想做事与正确做事,看起来并不那么容易。

对管理者来说,激励不仅是一种方式,更是一种理念。真实地贯彻激励理念,需要管理者切实把自身放到与被管理者平等的位置,以更加信任的态度去践行。那些高高在上,把激励当作施予的管理者,很难做到这点。他们习惯于把激励当作一种满足人们评优评先、多劳多得的手段,这是从低层级的需求来看待员工。激励的真实内涵更为丰富。人们在工作、学习中获得的激励,有的十分单纯,就是因为好奇;有的是为了进步(薪酬、职级等);有的是源于被尊重和自我实现的需要。

此外,需要关注现实中管理者误用激励的一个表现,即鼓励内卷。时间是一种稀缺资源,对员工尤其如此。在扎实推进共同富裕的过程中,富裕不仅仅指物质的丰裕,也包括精神的丰裕,而精

---

① 陈占安:《毛泽东领导理论研究》,人民出版社 2008 年版,第 143 页。

神的丰裕是需要时间来体现的。在马克思看来,自由时间对于实现人的自由而全面发展具有决定性意义,而人走向自由解放的历程,实质上就是摆脱时间的统治的历程[①]。内卷是发展停滞、萎缩和退化的表现,在一些地方、一些部门却成为鼓励人们的口号。鼓励内卷就是鼓励员工与自己的需要相对抗,并通过此种对抗来保持与同事的竞争力。这显然不是激励的本意。习近平总书记强调,要完善考核评价和激励机制,营造想改革、谋改革、善改革的浓郁氛围。内卷流行的当下,也许正是管理者回归理性,思考应以怎样的方式来提升管理效能,纾解员工压力的时候。

作为一个激励的研究者和践行者,我期望本书能带给管理者一点启示。激励是一个好东西,但在运用中需要有耐心、信心和爱心。在组织中如此,在家庭中也如此。

感谢导师贺昌政教授。吾师治学严谨,他常用自己的故事来激励我们,让我们保持良好的学习和科研状态。

感谢人民出版社的郑海燕女士。她为本书的面世付出了辛勤的劳动,在此深表谢意!

最后,谨以此书献给我的父母。感谢你们无微不至、不离不弃的爱。

2023 年 7 月于成都

[①]　陈学明、王平、孔明安、王冶东主编:《人的存在方式研究》,人民出版社 2018 年版,第25 页。

策划编辑:郑海燕

责任编辑:郑海燕　李　姝

封面设计:牛成成

责任校对:周晓东

图书在版编目(CIP)数据

系统激励模型及其在薪酬激励中的应用研究/方茜 著. —北京:人民出版社,
　2024.3

ISBN 978 - 7 - 01 - 026308 - 3

Ⅰ.①系…　Ⅱ.①方…　Ⅲ.①企业管理-工资管理-研究　Ⅳ.①F272.923

中国国家版本馆 CIP 数据核字(2024)第 019900 号

系统激励模型及其在薪酬激励中的应用研究

XITONG JILI MOXING JIQI ZAI XINCHOU JILI ZHONG DE YINGYONG YANJIU

方　茜　著

人民出版社 出版发行

(100706　北京市东城区隆福寺街 99 号)

中煤(北京)印务有限公司印刷　新华书店经销

2024 年 3 月第 1 版　2024 年 3 月北京第 1 次印刷
开本:710 毫米×1000 毫米 1/16　印张:17.75
字数:200 千字

ISBN 978 - 7 - 01 - 026308 - 3　定价:90.00 元

邮购地址 100706　北京市东城区隆福寺街 99 号
人民东方图书销售中心　电话 (010)65250042　65289539